BIBLIOTHÈQUE NATIONALE

LAMENNAIS

DU

PASSÉ ET DE L'AVENIR

DU PEUPLE

PARIS

LIBRAIRIE DE LA BIBLIOTHÈQUE NATIONALE

Rue de Richelieu, 8

Près le Théâtre-Français.— Ci-devant, r. de Valois

25 Centimes

35 CENTIMES RENDU FRANCO DANS TOUTE LA FRANCE

BIBLIOTHÈQUE NATIONALE

LAMENNAIS

DU PASSÉ

ET DE

L'AVENIR DU PEUPLE

Votre foi vous sauvera.

EVANGILE.

PARIS

LIBRAIRIE DE LA BIBLIOTHÈQUE NATIONALE

RUE DE RICHELIEU, 8, PRÈS LE THÉATRE-FRANÇAIS

Ci-devant, rue de Valois, 2.

—

1888

DU PASSÉ

ET DE

L'AVENIR DU PEUPLE

CHAPITRE PREMIER.

Objet de cet écrit.

Des maux qui sont sur la terre, quelques-uns y seront toujours, parce qu'ils tiennent à l'imperfection de l'état présent de l'homme ; d'autres peu à peu disparaîtront, parce qu'en avançant dans les voies que Dieu lui a tracées, et se rapprochant de lui par une évolution qui commence ici-bas et se produit ailleurs, l'homme deviendra progressivement moins imparfait; et le passé, à cet égard, nous assure de l'avenir.

Ainsi il y aura toujours des maladies, des souffrances physiques ; mais elles diminueront à mesure que les causes qui les engendrent, principalement la misère, les vices, l'abus des choses bonnes destinées par la Providence à notre usage, diminueront elles-mêmes.

Il y aura toujours des douleurs, des souffrances morales ; mais elles diminueront à merure
que, vivant plus de la vie spirituelle, plus maître de soi, de ses passions désordonnées, de ses
penchants brutaux, l'homme s'écartera moins
des lois éternelles de l'ordre, qui, réglant tout
ensemble ses pensées, son amour, ses actes, établissent en lui une paix inaltérable et une sainte
harmonie.

Nous ne rangeons point parmi les maux la
mort pourtant si redoutée ; car c'est ou l'ignorance ou le remords qui la redoute. La mort,
loin d'être un mal, est le premier des biens,
puisqu'elle est le passage à un état meilleur, à
une existence plus élevée, une transformation
ascendante, et non, comme elle le paraît aux sens
que trompent les apparences, une destruction.
Quand le vêtement est usé, l'homme véritable
s'en dégage, et libre des liens qui l'appesantis-
saient, des voiles qui s'étendaient entre lui et la
vraie lumière, splendide et léger, il prend son
essor vers des régions plus belles.

Outre les maux inhérents à notre condition
terrestre, à l'imperfection ici-bas irrémédiable
de chacun de nous, il en est qui viennent de la
société, et ce ne sont ni les moins nombreux, ni
ceux dont le poids s'aggrave le moins sur la race
humaine. Mais au degré où l'homme s'affranchit
de l'ignorance et des penchants qui l'inclinent
au mal, à ce même degré il atténue les maux
dérivés du vice de la société ou perfectionne la

société elle-même, qui à son tour rend possible à l'homme un perfectionnement nouveau ; de sorte qu'en vertu de cette action et de cette réaction réciproque de l'individu sur la société, de la société sur l'individu, s'accomplit le progrès social à la fois et individuel, d'où naît, par une conformité plus parfaite des actes de chacun aux lois divines de sa nature, l'ordre général et le bien-être de tous.

Cependant il importe de ne pas s'abuser sur ce bien-être, en s'imaginant qu'il peut exister pour l'homme un état de contentement absolu appelé bonheur, dans lequel se reposent et se perdent ses désirs pleinement satisfaits. Il n'est point d'illusion plus vaine et plus dangereuse que cette fausse idée. Le désir dans l'homme est éternel, parce qu'il tend invinciblement à un bien sans bornes et sans mesure ou à Dieu, qui lui-même est le Bien infini. Rien de limité ne peut le satisfaire, perpétuellement il aspire au delà ; et si, cédant à la séduction d'une espérance trompeuse, on s'est figuré que quelque bien terrestre pouvait remplir l'immensité du cœur, ne trouvant jamais ce bien, on prend en dégoût tous les autres, on devient incapable d'en jouir, et l'on tombe au-dessous de sa nature même, pour avoir follement voulu s'élever au-dessus.

Les biens à notre portée, nécessairement finis, s'enchaînent les uns aux autres par un développement identique avec notre propre développe-

ment dans le Vrai et le Bien essentiels, c'est-à-
dire en Dieu. Et comme notre développement
est lié à celui de la création tout entière, et que
le développement de la création a pour fin la
manifestation extérieure de Dieu, il s'ensuit
que notre développement propre n'est que l'accomplissement d'une fonction, et que dès lors le
bien pour nous dépendant de cette fonction par
une nécessité directe, il se proportionne à la connaissance que nous avons des lois de l'ordre
universel, et à notre fidélité à y obéir, obéissance qu'on nomme vertu.

De là deux conséquences également impor-
tantes :

La première, que travailler à rendre les hommes meilleurs, c'est travailler à les rendre plus
heureux, et que travailler à les rendre plus
heureux, c'est travailler à les rendre meilleurs.

La seconde, qu'il n'est pas vrai que les souffrances qu'engendrent les vices de la société
seront toujours les mêmes, et que c'est bien vainement qu'on s'efforce d'y remédier. Car l'humanité ne tourne point dans un cercle fatal ; elle
se développe incessamment, incessamment elle
passe d'un état imparfait à un autre qui l'est
moins, se rapprochant toujours du terme infini
de sa tendance ; et c'est pourquoi, dès le commencement, il a été dit aux hommes : « Soyez
parfaits comme Dieu est parfait. »

Vous donc qui portez le poids du jour, ne pensez pas que ce poids sous lequel vous ployez ne

doive être allégé jamais. Les biens que vous a
destinés Celui qui veille avec amour sur toutes ses
créatures, vous n'en pouvez jouir que progressivement; chacun d'eux prépare et amène celui
qui le doit suivre. Toute chose a son temps mar-
qué. Maintenant vous êtes en hiver, mais le prin-
temps viendra où vous verrez croître et fleurir
ce que vous aurez semé, et l'été qui le mûrira,
et l'automne où vous moissonnerez avec allégresse.

Notre dessein, dans cet écrit, est de vous dire
ce que vous fûtes et ce que vous êtes appelés à
devenir, afin que vous marchiez constamment
vers le but que vous assignent les lois divines
de la Création et vos propres lois Vous ne sauriez sortir des voies que déterminent ces lois
immuables, sans vous éloigner de la fin vers
laquelle se dirigent vos désirs par une invincible impulsion de la nature même, sans qu'au
lieu des biens que vous cherchez, vous ne ren-
contriez la peine inévitable de toute violation
de l'ordre.

Séparé du passé, le présent est muet sur l'a-
venir. Il n'apprend rien de ce qu'il faut savoir
pour fixer le but de l'action sociale et pour la
régler. On s'en va au hasard, emporté dans mille
routes diverses par les souffles variables de l'o-
pinion. Chacun suit sa pensée née hier et qui
mourra demain. On ne s'accorde, on ne s'entend ni sur ce qui est à faire, ni sur les moyens.
Les efforts opposés s'annulent mutuellement.

L'un veut ceci, l'autre veut cela, selon la passion qui l'entraîne, la première idée qui le frappe. Les doctrines les plus insensées trouvent des partisans d'autant plus exaltés, d'autant plus fanatiques, qu'elles choquent plus violemment la conscience et le bon sens. Et qu'advient-il de là? Que, las de cette confusion anarchique, d'où visiblement il ne peut sortir rien de salutaire ni de durable, on se décourage peu à peu, on se retire, on se dit : A quoi bon lutter contre un désordre irrémédiable? à quoi bon se sacrifier sans profit pour personne? Mieux vaut s'accommoder à ce qui existe et qu'on ne changera point : et là-dessus, s'occupant de soi seul, on fait comme tant d'autres et l'on s'enveloppe dans son égoïsme.

Il vous importe donc beaucoup à vous, pauvres délaissés, qui, sans aucune comparaison, avez la plus grande part dans les maux dont la société abonde, d'en connaître l'origine et le remède, tel que l'indique, non une simple vue spéculative de l'esprit, laquelle peut être trompeuse, mais l'infaillible expérience des siècles, qui ne trompe point, parce qu'elle est l'expression des lois invariables de l'humanité; il vous importe de rassembler vos forces, maintenant éparses, et de les ordonner de manière qu'elles convergent en un même point et représentent une même volonté; car ce que vous voudrez tous sera certainement, et ce que vous voudrez selon la raison demeurera ferme. Mais, pour réunir toutes les volontés en une seule volonté, il faut une commune foi et un commun amour, car on veut selon ce qu'on croit et selon ce qu'on aime ; et pour vouloir selon la raison, il faut et se garder des vains rêves à jamais stériles, et s'affranchir des passions en lutte avec l'ordre qu'elles troublent et qu'elles ne sauraient vaincre.

Nous sommes à une époque décisive, à l'un de ces moments solennels où se résout pour l'humanité le problème de l'avenir. Le peuple le sent : un instinct divin l'avertit que le monde ayant accompli une période de son développement, va se transformer, et que, dans le nouvel âge qui s'ouvre, sa place, à lui peuple, doit être tout autre que celle qui fut la sienne dans les âges précédents. Par lui doit naître une société plus parfaite, plus conforme aux éternelles notions de la justice et de la charité, complétement nécessaire et consommation de la justice. Nous venons unir nos efforts aux siens, nous venons apporter à nos frères le faible tribut des lumières que nous avons pu recueillir par l'étude attentive des faits antérieurs, dans lesquels doit se manifester la loi du progrès social ou de l'évolution du genre humain. Tout ce qu'on tentera contre cette loi ou en dehors d'elle échouera infailliblement. Rien de plus important donc que de la bien constater, pour ne pas se perdre dans l'aride désert des théories chimériques, pour que le travail fécond qui réalisera l'avenir désiré si ardemment ne soit pas entravé, retardé par des actions perturbatrices.

Tel est l'objet de cet écrit, que nous adressons ~~particulièrement aux~~ déshérités de la grande famille : heureux s'il pouvait contribuer à l'accomplissement de l'œuvre sainte, qui sera le fruit du labeur de tous.

CHAPITRE II

Ce que nous entendons par peuple.

Au sens le plus général, le peuple c'est tout le monde, c'est la collection des individus dont se compose une nation, une société déterminée. Ainsi on dit le peuple romain, le peuple français, anglais, espagnol, etc., et, sous cette dénomination commune, on comprend sans exception tous les membres de l'unité sociale que régit le même gouvernement.

Mais comme chez les anciens, presque partout on distinguait, dans la même société, deux classes séparées par des différences radicales, celle des hommes libres et celle des esclaves, le mot peuple désignait exclusivement ceux-là, les autres, en dehors du droit humain, n'étant que des *choses* et non des personnes.

Puis, dans la classe même des hommes libres, les uns l'étant plus, les autres moins, les uns jouissant de certains droits politiques et civils dont les autres étaient entièrement privés, on nomma ces derniers *plebs*, la plèbe, le peuple comme nous dirions, et le peuple, en ce sens, se composa de tous ceux qui appartenaient à la classe inférieure, assujettie à divers degrés, selon les lieux et selon les temps, à la classe supérieure ou privilégiée : de sorte que, dans la plupart des sociétés anciennes, il existait trois ordres correspondant à autant de conditions différentes d'existence : les hommes du privilége, *optimates*, nobles, patriciens, etc., la plèbe et les esclaves.

Plus tard, parmi les chrétiens même, et en dehors du servage, reste modifié de l'esclavage antique, la société se partagea également en deux classes distinctes, l'une investie de droits obstinément refusés à l'autre, l'une dominante et l'autre dominée, l'une généralement riche et l'autre généralement pauvre, et cette dernière reçut particulièrement le nom de peuple. Cette dénomination s'est perpétuée jusqu'à nos jours avec la distinction qu'elle exprime, et c'est en ce sens que nous employons le mot peuple dans cet écrit. Il y désigne la classe dominée en opposition avec la classe dominatrice, la classe politiquement esclave en opposition avec la classe politiquement libre.

CHAPITRE III

Ce qu'est le peuple en chaque pays et dans le genre humain, et ce qui détermine fondamentalement son état.

Tel que nous venons de le définir, le peuple forme dans toute société, sans nulle comparaison, le plus grand nombre ; et, en outre, cette même société ne subsiste que par lui : car aucune société ne subsisterait seulement vingt-quatre heures, si tous les travaux s'arrêtaient soudain, et tous les travaux indispensables pour la conservation de la vie sont dévolus au peuple, aussi bien que ceux qui contribuent à la rendre plus commode et plus douce. Laboureurs, artisans, producteurs de toute sorte, navigateurs, marchands, tout cela n'est-il pas peuple ? Or, que serait une nation privée de ce qu'elle doit à l'incessant labeur de ces hommes, en utilité les premiers de tous ? Et que resterait-il d'elle, si on les retranchait ?

On peut dire que, sur un milliard environ d'individus dont se compose le genre humain, plus de neuf cent millions appartiennent au peuple. L'histoire du peuple est donc l'histoire du genre humain ; l'état du peuple représente son état véritable, il est à chaque époque la mesure réelle du progrès.

Le peuple est l'arbre qui ne meurt point, qui subsiste indéfiniment ; les individus sont les feuilles qui se renouvellent chaque année, qu'il nourrit de sa séve et qui contribuent, pendant qu'elles vivent, à l'entretenir. Ce qui par son éclat attire les regards, et trop souvent fait oublier le reste, la vraie grandeur dans tous les ordres, les vertus éminentes, le génie, ce sont les fleurs dont l'arbre se pare et qui manifestent les fécondes puissances qu'il renferme en soi.

De l'étude attentive du passé, il résulte clairement que la condition générale de l'humanité,
c'est-à-dire du peuple, comme on vient de le
voir, a été sans cesse en s'améliorant depuis les
premiers temps connus jusqu'à celui-ci, et que
cette amélioration progressive c'est accomplie
suivant des lois perpétuellement les mêmes, et
qui dès lors ont leur racine dans l'immuable nature des choses et dans celle de l'homme particulièrement. D'où se déduit cette consolante et
certaine conséquence, que la condition du peuple
continuera de s'améliorer sous l'influence con-
stante des mêmes lois, de telle sorte que chaque
progrès procède du progrès précédent, par une
évolution régulière, un mouvement naturel dont
 es apparences peuvent varier, mais dont jamais
la direction ne change.

La même étude apprend encore que le développement intellectuel, dont le développement
religieux est la forme sociale, a produit tous les
autres développements ; en d'autres termes, que
les destinées du genre humain, les destinées du
peuple, durant des siècles, ont dépendu de la
manière dont on concevait les lois divines de la
création et de la nature humaine, de la Religion
enfin, de laquelle émanait, avec la notion du devoir et du droit, leur détermination théorique et
pratique, et ultérieuremeut l'organisation de la
société.

On se figure que le mal, tel qu'il apparaît dans
l'histoire, dérive tout entier des passions ; il n'en

est rien. Les passions troublent l'ordre existant quel qu'il soit, mais ce ne sont pas elles qui le constituent, elles n'ont pas cette puissance. Il est le résultat nécessaire des idées, des croyances reçues. Aussi les passions se montrent-elles toujours les mêmes à toutes les époques, et néanmoins, aux époques diverses, l'ordre établi change, et quelquefois fondamentalement. Les passions n'étaient ni différentes, ni moins fortes, certes, ni moins nombreuses au moyen âge qu'à Rome sous la république ou sous les empereurs ; elles ne sont aujourd'hui ni moins nombreuses ni moins fortes qu'au moyen âge, ni différentes non plus ; leurs effets sont les mêmes, et cependant quelles profondes modifications dans la société ! Quelle distance de l'état présent du peuple à son état ancien, alors que l'esclavage, ou le servage qui succéda, écrasaient de leur poids une portion si considérable de la famille humaine ! C'est pourquoi toute réforme qui se bornerait à combattre les passions, à leur opposer de nouvelles barrières, quelque utile, quelque nécessaire que soit ce genre d'action, ne produirait que peu de fruits, parce qu'elle laisserait subsister la cause radicale, et, pour ainsi dire, organique des maux auxquels on voudrait remédier. Tout découle du principe générateur des institutions, le but de l'activité et sa règle, le droit, le devoir, les opinions, la conscience et les mœurs publiques ; et ce principe premier, c'est la Religion qui le pose, ou plutôt il est la Religion même, ou la conception généralement admise de Dieu, de l'univers et de l'homme.

Parcourons rapidement les faits principaux de l'histoire considérée à ce point de vue, afin d'y chercher la loi qui préside à l'évolution de l'humanité.

CHAPITRE IV

Commencement du genre humain : ses premiers développements.

Toutes les origines sont enveloppées d'une obscurité profonde. En cela complétement semblable à l'enfant, le genre humain n'a point conservé le souvenir de son état initial, car il fallait qu'avant d'agir ses facultés se développassent, et la tradition, si vague qu'elle fût, ne pouvait remonter au delà de l'époque, où, se réfléchissant en soi-même, l'homme put se reconnaître dans sa personnalité de plus en plus intime et distincte, et vivre de la vie de l'esprit.

Nous n'avons donc, pour nous éclairer sur ce premier âge, que la raison seule, puissamment aidée, il est vrai, par l'observation des faits postérieurs.

Or, en recherchant par la pensée quelles furent, dès le commencement, les conditions de l'existence, on en découvre de deux ordres, des conditions physiques, et des conditions spirituelles, correspondantes respectivement à la double nature de l'homme, être à la fois organique et intelligent.

Étant donnée la tige originaire de l'humanité,

la première condition physique est l'union de l'homme et de la femme, et la persistance de cette union, rigoureusement nécessaire pour la conservation de l'enfant. La seconde condition est la possession effective de certaines productions de la terre indispensables pour l'entretien de la vie.

Des conditions spirituelles, la première est la révélation, la vision de Dieu, d'où naît l'intelligence, qui implique, comme nous l'avons expliqué ailleurs (1), la foi à l'objet révélé, et, par une conséquence immédiate, l'affirmation simultanée de Dieu et de soi, du Créateur et de la Création. La seconde condition est l'union avec Dieu qu'opère l'amour qui nous porte vers lui, et qui ne saurait nous porter vers lui, nous unir à lui, sans nous unir en même temps au tout dont nous sommes membres, et particulièrement aux êtres semblables à nous : d'où le lien moral, fondé sur le devoir et le droit, et qui dépend de la direction imprimée à la volonté, dont les lois ne sont que les lois mêmes de l'amour et de l'intelligence. Ces deux conditions réunies constituent la Religion en ce qu'elle a de primitif et de radical.

Mais l'homme est un ; il n'y a pas deux hommes, l'un purement physique, l'autre purement intellectuel et moral. Les lois de l'homme intelligent et moral, et les lois de l'homme physique convergent donc dans une même unité.

(1) Dans l'ouvrage intitulé : *De la Religion.*

Or, les lois physiques de l'union de l'homme
et de la femme et de l'union de tous deux avec
l'enfant, combinées avec les lois intellectuelles
et morales d'où émanent le devoir et le droit,
sont proprement ce qu'on nomme mariage, famille.

Les lois physiques relatives à la possession de
certaines productions de la terre indispensables pour l'entretien de la vie, combinées encore
avec les lois intellectuelles et morales, constitutives du devoir et du droit, sont ce qu'on nomme
propriété.

L'animal possède, l'homme seul est propriétaire, parce qu'à la possession s'ajoute l'idée de
droit, donnée par l'intelligence.

Ainsi, en les classant selon leurs degrés res-
pectifs d'élévation, la Religion, le mariage, la
famille, la propriété sont pour l'homme les conditions primordiales et nécessaires de l'existence.

Aussi le voit-on d'abord, sous l'empire d'une
religion simple, dégagée des spéculations hasar-
deuses de l'esprit, vivre à l'état de famille.
Cet état se perpétua particulièrement chez les
peuples pasteurs, dans les steppes de la haute
Asie, dans la péninsule arabique, et après une
longue suite de siècles, on le retrouve encore
dans les montagnes d'Irlande et d'Écosse, mais
ici, en Irlande surtout, avec la pratique de l'agriculture. Rien ne ressemble plus à la famille pa-
triarcale que le clan. Toutefois le clan, quelque
avantage qu'il offre à certains égards, est dénué

de force défensive, enfante de nombreuses divi·
sions, des guerres intestines, et, ce qui plus que
tout le reste lui assigne un rang inférieur parmi
les divers modes d'association dont l'histoire
présente des exemples, il n'en est pas de moins
favorable au développement intellectuel, au progrès de la science, des arts, de l'industrie, et, en
général, de tout ce que comprend pour nous le
mot de civilisation.

Pendant qu'une partie de la race humaine se
maintenait à l'état originel de famille, une autre partie établissait, avec un genre d'agrégation
plus complexe, des centres fixes de réunion, in-
duite à cela principalement par le concours mutuel et la stabilité de demeure qu'exige l'exercice des métiers nécessaires.

De là une plus grande excitation de la pensée,
un commencement de recherche des causes gé·
nératices des phénomènes, ou un premier développement de la Religion; des arts nouveaux et
des industries nouvelles, des perfectionnements
et des inventions de toute sorte, une organisation rudimentaire d'où sortit peu à peu la société
politique et civile.

Cependant ces heureux effets du rapproche-
ment des hommes ne furent pas exempts d'un
mélange de mal. La recherche des causes ne
pouvait atteindre immédiatement son but; elle
produisit des erreurs partielles qui altérèrent
en plusieurs points la pureté de la religion primitive, erreurs qui, n'étant néanmoins qu'une

vue confuse et incomplète du vrai, renfermaient le germe d'une magnifique conception future, de la science véritable de Dieu, de l'univers et de l'humanité. Aux erreurs de l'esprit se joignirent les désordres que les passions provoquent. Les mœurs se corrompirent. La cupidité engendra la fraude et la violence. Tous les liens moraux se relâchèrent. L'antagonisme entre les deux principes, l'un desquels incline l'homme à se concentrer en soi, à se faire centre de toutes choses, et l'autre le porte à s'ordonner par rapport à un centre plus général, et finalement au centre universel qui est Dieu ; cet antagonisme, qui constitue la lutte incessante de ce monde, se manifesta sous mille formes nouvelles, à mesure que les relations des hommes entre eux se compliquaient, et que leur puissance s'accroissait par l'effet même du progrès dans tous les ordres.

Arrêtons-nous un peu à cette phase du développement du genre humain, laquelle présente un fait capital dont il importe beaucoup de se rendre compte.

CHAPITRE V

Association primitive. Esclavage.

Plongé au sein de l'univers, absorbé en lui, l'homme, obligé de réagir contre ses forces fatales pour se conserver, appliqua son intelligence à la recherche des causes et des lois qu'il lui fallait connaître pour ne pas succomber dans cette lutte gigantesque. Or la connaissance des causes et des lois qui régissent l'univers impliquant celle de la Cause suprême dont il trouvait en soi la notion, mais vague et confuse à cause de son unité même, il essaya de la concevoir pour concevoir ses opérations, et, trop faible d'abord pour la séparer scientifiquement de ce qui découle d'elle et n'est pas elle, il l'identifia avec les secrètes énergies productrices des phénomènes qui frappaient ses regards.

De là les religions de la Nature, — vraies en ce sens que les puissances de la Nature ont réellement leur origine, leur principe en Dieu, émanent de ses propriétés et se résolvent en elles ; — fausses, en ce que ces puissances participent dans la Création au caractère fini de la Création même, et y subsistant sous un autre mode qu'en Dieu, différent dans leur action de l'action immédiate de Dieu, quoiqu'elles tirent de lui leur réelle efficacité ; fausses encore en ce qu'on ne sut point ramener ces mêmes puissances indéfinies en nombre à ce qu'elles ont de radicalement essentiel et de distinct, ou à ce qui constitue, éternellement et nécessairement, les propriétés de l'Être infini.

Et comme, dans le monde phénoménal, elles offrent le double caractère de fatalité, et, pour parler ainsi, de coaction physique, on reporta ces caractères dans la Cause suprême, la concevant sous l'idée d'une Nécessité souveraine, dont les inflexibles décrets dominaient tout et réglaient tout irrévocablement.

Suivant cette vue des choses, l'univers était gouverné par une hiérarchie de puissances coordonnées à une Puissance première, dont elles n'étaient en réalité que des manifestations diverses, et la nécessité qu'on rencontrait à tous les degrés de cette série de puissances, obligeait encore à les concevoir sous la notion de forces physiques.

Ces sombres dogmes, à travers lesquels il fallait que la raison passât pour s'élever en de plus hautes régions, comme il faut que l'homme passe par l'état fœtal pour devenir vraiment homme, ces sombres dogmes, disons-nous, projetèrent leur ombre sur toute la vie humaine, soumise à un Destin, à un *Factum* immuable et inexorable. On prit pour modèle de l'organisation de la société l'organisation de l'univers telle qu'on se la représentait ; et cela, non en vertu d'aucune théorie rationnelle, précise, à la manière des modernes, mais instinctivement : c'est-à-dire que, sans nier spéculativement la liberté humaine, la distinction du juste et de l'injuste, concevant l'ordre du monde comme un système de forces physiques subordonnées les unes aux autres, on fut enclin à transporter cette même idée dans la société et à confondre ainsi le droit avec la force. La logique naturelle à laquelle on ne résiste point, la tendance invincible de l'intelligence vers l'unité, qui n'est que sa tendance

vers le vrai, conduisaient à cette conséquence, et
si certains abus énormes purent s'établir et être
acceptés, c'est que les dispositions d'esprit, les
pensées, les croyances enfin qui les favorisaient
étaient universelles, qu'elles existaient en ceux qui
souffraient de ces abus, aussi bien qu'en ceux qui
en profitaient. La religion entraînait l'acquiesce-
ment général, et nous voyons aujourd'hui même
quelque chose de semblable chez les musulmans.

L'oppression pénétra partout, et premièrement
dans la famille. Livrée aux caprices du mari ou
de l'être fort, la femme fut opprimée par la polygamie, le divorce ; l'enfant par l'autorité arbi-
trairement absolue du père, qui devint le type
du pouvoir social, lorsqu'il ne releva pas uniquement de la force pure. La propriété dépendit
de plus en plus du même droit de la force : elle
régna de fait souverainement.

Or, qu'est-ce que cela, sinon l'institution de
l'esclavage ? L'obéissance à la force pure, n'est-
ce pas l'obéissance de l'esclave ? Mais cette
obéissance matérielle, en dehors de tout droit
véritable et de tout devoir, déterminée originairement par les seules lois physiques, n'ayant de
relations qu'à elles, est l'obéissance des brutes,
et c'est trop dire encore, l'obéissance des *choses*
de ce qui ne vit ni ne sent ; car la brute, l'animal, mû par l'instinct, résiste à la force pure.
L'esclavage implique donc l'abolition, la négation
de la personnalité, et conséquemment de tout ce
qui dérive de la personnalité et la suppose, le

mariage, la famille, la propriété. L'esclave ne se marie pas, il n'a point de femme, il a une ou plusieurs femelles qui produisent au profit du maître l'esclave n'a point de famille, point d'enfants, il a des petits, qui appartiennent comme lui au maître ; l'esclave *possède*, consomme ce que le maître lui alloue pour sa subsistance, mais il n'a point de propriété, il est lui-même la propriété du maître.

L'apparition de l'esclavage dans le monde est certes un grand fait, le plus grand fait que présente l'histoire primitive de l'humanité. Il se lie comme une conséquence nécessaire aux religions de la Nature, c'est-à-dire aux premières idées spéculatives que l'homme se fit de la Cause suprême et de ses rapports avec l'univers : et cependant il est vrai que pour arriver à une connaissance plus exacte de Dieu et de la Création, il n'existait pas d'autre voie que celle qu'a suivie l'esprit humain, et que s'il n'avait pas entrepris ce travail identique avec l'effort même que nécessite son propre développement, tout progrès eût été à jamais impossible.

Aussi verra-t-on que ce progrès, dans l'ordre social, se proportionne toujours au progrès religieux ou au développement, à nos yeux lent sans doute, mais continu, de la science de Dieu et de son œuvre, d'où se déduit celle du droit et du devoir.

CHAPITRE VI

Premières sociétés politiques et civiles connues.

Il y a lieu de penser que la civilisation prit naissance au nord de la Bactriane, sur le revers oriental de la chaîne du Taurus, d'où elle rayonna au midi, à l'est et à l'occident, par l'Arabie et la mer Rouge, jusqu'en Éthiopie et en Égypte. Un premier Zoroastre, dont le souvenir vague se perd dans la nuit des temps, fonda la société sur une doctrine dont on retrouve des traces manifestes dans l'Inde antique, et qui appartenait évidemment aux religions de la Nature. Une Asie primitive, dont l'exacte position est inconnue, fut probablement le berceau des monarchies mède, persane et assyrienne. Les commencements de ces anciens empires sont restés fort obscurs, faute de monuments contemporains. L'obscurité est moins profonde en ce qui touche les sociétés qui se formèrent, dès les époques les plus reculées, sur les bords du Gange, de l'Indus et du Nil, et même en Chine à l'extrémité orientale de l'Asie.

Une circonstance très-remarquable de l'établissement de ces antiques sociétés, c'est qu'elles durent toutes leur origine à des races sacerdotales, dépositaires de la science et de la tradition. Elles imposèrent la loi avec autorité, et cette loi comprenait, dans sa vaste unité, le dogme, le culte, les institutions politiques et civiles, et jus-

qu'aux détails les plus minutieux de la vie domestique.

Mais eût-on obéi aveuglément au sacerdoce,
s'il avait commandé en son propre nom ? Sa parole tout humaine eût-elle produit la foi d'où naît
la soumission volontaire ? Non, sans doute. Aussi
fit-il intervenir directement la Divinité, dont il se
dit l'organe, et l'on ne doit pas croire qu'en cela
il usât de fourberie. Ce qu'il enseignait au peuple,
il en avait lui-même la conviction sincère, et cet
enseignement qui rapportait primitivement à Dieu
les progrès accomplis jusque-là, et se résumait
dans la croyance à des communications divines,
à une révélation originelle, contenait, certes, une
vérité d'une importance souveraine. Mais cette
vérité d'intuition pure et qui ne pouvait être alors
bien comprise, on la revêtit d'une forme poéti-
que, que le goût du merveilleux, qui n'est dans
sa racine que le sentiment même de l'infini, orna,
développa de mille manières; d'où la légende. On
se figura entre l'homme et Dieu des relations
en dehors des lois de la nature, et de là naquit
l'idée d'un ordre surnaturel qui devint la source
d'énormes abus et de nombreuses impostures.

Nous ne parlerons de la Chine que pour faire
remarquer une particularité frappante qui lui
est exclusivement propre. Un roi d'une de ses
vieilles dynasties voulant se soustraire à l'autorité traditionnelle du sacerdoce, abolit l'antique religion et détruisit les monuments écrits.
La Chine s'organisa, comme elle a continué

d'être organisée jusqu'à nos jours, sous l'influence d'une doctrine purement morale et le gouvernement d'un corps savant, le corps des mandarins, où tous indistinctement peuvent être admis, et où les grades s'obtiennent au concours, après de solennels examens. Or, la science ne fut pas plutôt séparée de toute espèce de dogme religieux, qu'elle s'arrêta, se pétrifia, ainsi que les procédés de l'industrie : elle ne fit pas depuis un seul pas. Et dès que la morale fut également séparée du dogme, elle perdit à tel point son efficacité, qu'il n'est pas sur la terre de peuple plus corrompu que le peuple chinois : et l'on peut observer encore, qu'aussi impuissant en tout le reste que dans la science, aucun art n'a pu se développer chez lui.

Dans l'Inde, la religion, successivement modifiée par la pensée philosophique, pencha vers le panthéisme, qui, en identifiant la Création avec son Auteur, nie la Création même, et ne voit en toutes choses que des manifestations idéales de l'Être infini existant seul éternellement. Tout, hors de cet Être, étant illusion, rêve, *maïa*, on ne saurait concevoir pour l'homme, qui n'est lui-même qu'une vaine apparence, aucun but possible d'activité. Il doit tendre, au contraire, à se replonger, par un quiétisme absolu, dans la Réalité qui comprend tout et qui est tout. De cette Réalité unique et immuable, posée, pour ainsi dire, à la base de l'intelligence comme idée génératrice de toutes les conceptions ultérieures, dériva un ordre de société immuable aussi ; car

dans cette société où l'individu n'est rien, ne
peut rien être, il n'exista que des castes ou de
simples divisions générales correspondantes à ce
que l'on concevait de divers dans l'Être universel ; c'est-à-dire un esclavage par masses, empreint du sceau d'une éternelle nécessité.

L'Égypte aussi fonda sur les castes son système social ; mais comme l'idée panthéistique
n'y domina pas comme dans l'Inde, que les énergies de la Nature commencèrent même à s'y
personnifier, le régime de caste y fut et moins
tenace et moins sévère. Toutefois c'est encore
l'esclavage dans sa pleine rigueur ; il était le fond
de l'organisation même. Sous la direction du sacerdoce, la royauté gouvernait avec une puissance absolue. Sauf la portion dévolue aux prêtres comme garantie d'indépendance, la terre
appartenait exclusivement au roi ou à l'État dont
il était le chef, ainsi qu'elle appartient aujour-
d'hui encore au pacha. Le peuple la cultivait
et recevait dans les produits la part que l'autorité publique lui allouait. Le pouvoir dirigeait
également l'industrie, chacun étant attaché par
la loi à une profession ou à une fonction. Point
de propriété donc, au moins territoriale, ni de
liberté personnelle. C'est le premier exemple que
présente l'histoire de l'application du système des
socialistes modernes, en ce qu'il a de fondamental.

CHAPITRE VII

Mosaïsme.

Originaire de la Chaldée, Abraham était venu habiter, plus à l'ouest, le pays que traverse le Jourdain, pays abondant en pâturages et qu'occupaient alors plusieurs petites peuplades, au milieu desquelles il demeura tranquille et indépendant sous sa tente de pasteur. Ses descendants formèrent une tribu patriarchale. Mais, au temps de Jacob, petit-fils d'Abraham, chassés par la famine qui désolait alors cette contrée, ils se réfugièrent en Égypte, où l'un des leurs vendu comme esclave, ayant acquis la confiance du roi, exerçait en son nom l'autorité publique. On leur permit de s'établir dans la terre de Gessen, et d'y vivre selon leurs coutumes. Ils s'y multiplièrent rapidement, de sorte qu'environ trois siècles après, sous une autre dynastie, ils inspirèrent des craintes au Pharaon régnant, qui fit peser sur eux une insupportable oppression. Réduits en servitude, on les chargea de travaux, on les soumit aux plus durs traitements ; pour diminuer leur nombre, on eut recours aux crimes les plus atroces ; leurs enfants mâles étaient en naissant condamnés à la mort ; par où l'on peut juger de ce qu'était le droit chez le peuple égyptien, le plus civilisé peut-être de cette époque. Nous disons le droit, parce qu'il y a des excès impossibles même à la plus violente tyrannie, lorsqu'ils choquent à un certain point les idées reçues et la conscience générale.

Un homme d'Israël, nourri par des circonstances singulières dans les sciences de l'Égypte, entreprit de délivrer ses frères, de les ramener en Palestine, et de les y constituer en corps de nation. Ce qu'il eut à vaincre de difficultés, principalement de la part de ceux dont il s'était fait le chef, est incroyable. Son génie les surmonta toutes. Même après tout ce qu'on a écrit sur cet homme extraordinaire, il y aurait encore beaucoup de choses à dire pour arriver à une complète et juste appréciation de ce qu'il fit. Nous voulons ici indiquer seulement l'esprit et le caractère de ses institutions, dans leur rapport avec la religion qu'il leur donna pour base et le développement de l'humanité.

Il arrêta, pour ainsi parler, le dogme à son origine, le renfermant dans la seule croyance à l'unité du souverain Être; et en s'opposant de la sorte aux progrès de la science par la recherche des causes, il évita les conséquences de l'imperfection de la science même, conséquences qui se manifestèrent partout où l'esprit humain, se livrant à cette recherche, rencontra, si l'on peut user de cette expression, sur la route du vrai, sur la route qui devait, au bout de tant de siècles, aboutir au Christianisme, les religions de la nature.

Les Juirs, et leur histoire le prouve, étaient eux aussi poussés dans cette voie par l'impulsion interne autant que par l'exemple, et c'est pourquoi, afin d'empêcher qu'ils ne s'y engageassent, Moïse dut employer tous les moyens en son pouvoir pour les isoler des autres nations. La seule différence des lois politiques et civiles n'aurait pas suffi; il posa en Dieu même le principe de séparation. Conservant la notion essentielle de l'être infini, il y joignit l'idée d'un dieu national, *le Dieu d'Abraham, d'Isaac et de Jacob*, protecteur de leur race et ennemi des dieux adorés des Gentils. De là cet horrible esprit de haine qui transforma les guerres contre les Chananéens, dévoués à l'anathème, en guerres d'extermination.

Ainsi séparés de la communion du genre humain, les Juifs furent tout ensemble séparés du progrès qui s'accomplissait en dehors d'eux, et des désordres passagers qui en étaient, à certains égards, la condition inévitable : non que ces désordres n'aient souvent pénétré chez eux, mais en violant le principe de leur institution, de leur vie comme peuple, violation qui bientôt les précipitait dans la ruine, et par là même, tournant leur pensée vers les moyens de salut, les ramenait aux lois qu'ils avaient violées.

A l'intérieur, Moïse fonda la société sur l'égalité et la fraternité, mais l'égalité de race, telle qu'on la conçoit entre les fils d'un même père, et la fraternité charnelle. Il ne s'éleva pas jusqu'à l'idée de la fraternité et de l'unité humaine ; et cette idée même aurait été en contradiction directe avec la pensée d'isolement qui dominait sa législation tout entière.

Organiser l'égalité et la fraternité telles qu'il les entendait, c'était organiser la famille, et la nation juive ne fut en effet, originairement surtout, qu'une confédération de familles reliées par un corps sacerdotal. Son principe de durée résidait dans la constitution du mariage, qui, plus qu'en tout le reste de l'Orient, se rapprochait de la monogamie ; et dans la propriété primitivement égale de chaque famille, égalité bientôt détruite par les causes nombreuses qui tendent sans cesse à l'altérer, mais toutefois rétablie périodiquement, quant au fond du droit même de propriété, par le retour des biens aliénés aux premiers possesseurs, dans l'année jubilaire.

Cependant, par cela même que la propriété, garantie réelle de la liberté, était aliénable, la liberté l'était aussi, dans un système charnel, étranger à l'idée toute spirituelle du droit général et radical de l'humanité. Ainsi l'esclavage existait chez les Juifs, mais un esclavage doux, assez ressemblant à ce qu'est parmi nous la domesticité ; et, quoi qu'il en fût des esclaves appartenant à d'autres races, l'esclavage pour le Juif cessait de droit à l'époque du grand jubilé, qui se célébrait deux fois par siècle. Comme on était devenu esclave en perdant sa propriété, on redevenait libre en recouvrant cette même propriété.

Tels sont les traits caractéristiques de l'institution mosaïque. En fixant l'esprit sur l'idée première de l'unité divine, elle l'empêcha de s'égarer, pour ainsi dire, au sein de la Nature, mais en même temps de prendre part au grand travail intellectuel qui s'effectuait ailleurs. Elle conserva plus pur l'élément de la famille, avec la doctrine du droit et du devoir qui s'y rattachent ; mais elle opposa un obstacle, qui subsiste encore aujourd'hui même parmi les Juifs, à la communion universelle du genre humain. Elle défendit mieux qu'aucune autre institution antique la liberté de l'individu, par une constitution meilleure et plus forte de la propriété, sans toutefois s'être élevée jusqu'à la complète abolition de l'esclavage, jusqu'à la négation de sa légitimité.

Rentrons maintenant dans le monde dont les Juifs s'étaient séparés.

CHAPITRE VIII

Société grecque.

Nous ne faisons pas l'histoire de chaque peuple, nous suivons le mouvement de la civilisation. On ne finirait point si l'on voulait apprécier l'influence de chacun des principes divers qui, apportés à différentes époques de l'Égypte et de la Phénicie, et combinés avec d'autres principes existants chez la race pélagique et celle des Hellènes, devinrent le fondement de la société dans la Grèce et en caractérisèrent, sous des modes de police très-variés, la tendance générale et l'esprit.

En remontant aux plus anciens temps, on retrouve, comme partout, le fatalisme des religions de la Nature et ses conséquences, le droit de la force et les oppressions qu'il engendre, mélangées toutefois de ce qu'a de plus favorable à l'humanité le régime primitif de tribu ou de clan patriarchal.

Tel est à peu près l'état qu'Homère a peint dans ses poëmes immortels. On y découvre aussi un progrès dont le germe existait déjà dans la théologie égyptienne. Après avoir divinisé les secrètes puissances de la nature, on avait compris que la notion personnalite, inséparable de la notion du souverain Être, l'était également de tout ce qu'il renferme d'essentiellement distinct. Par où l'on fut conduit à personnifier les puissances auparavant conçues comme des forces physiques ou fatales, à leur attribuer dès lors l'intelligence qu'implique la personnalité, et la liberté qu'implique l'intelligence. De là le polythéisme, qui fut, comme on voit, un immense progrès.

Après avoir, en quelque sorte, brisé les liens de nécessité qui enchaînaient la Cause première sous ses diverses spécifications, l'homme s'affranchit lui-même de cette nécessité. Il acquit le sentiment de son existence personnelle et libre, et une nouvelle période de développement s'ouvrit.

Cependant le dogme, confus et vague, ne déterminait point d'une manière absolue, par une idée nette de ce que l'Être infini renferme en soi d'essentiellement distinct, le nombre et la notion des personnes divines. Il ne le définissait point, il le divisait, établissant en lui une hiérarchie arbitraire ; et par là il posait encore à la racine même du droit la force pure, car l'arbitraire n'a d'autre raison que la force.

Il dut donc se produire dans la société **un antagonisme** entre la force et la liberté, et en effet cet antagonisme apparaît partout dans les institutions grecques et romaines, lesquelles correspondaient au même dogme fondamental ; et à mesure que ce dogme se perfectionna par le progrès de la raison, l'idée du devoir et du droit se perfectionna également, et la liberté, comme principe avoué de l'institution sociale, grandit dans la même proportion.

Du sentiment de la personnalité et du droit qui ressort d'elle naquit la cité. Par ce qui en fait l'essence, la cité est la substitution de l'unité collective, à l'unité de famille et à l'unité de caste. L'unité collective, se composant d'individus qui y entrent au même titre, implique l'égalité et conséquemment la liberté. Mais le principe de force que le *polythéisme* consacrait encore impli-

citement, quoiqu'à un moindre degré que les
religions de la Nature, vicia nécessairement l'égalité, qui est le fait primitif et radical, la liberté qui
représente le droit, et la fraternité correspondante
au devoir. Il se forma une hiérarchie humaine non
moins arbitraire que la hiérarchie divine, et dont
la force fut l'unique raison; hiérarchie qui, en
effet, partant du plus fort ou du plus riche, des-
cendait, par une suite de degrés que détermi-
naient les différences de richesse ou de propriété,
jusqu'à celui qui, ne possédant aucune propriété, était exclu du droit de cité, et, plus bas
encore, à celui qui, étant lui-même propriété
d'autrui, était exclu du droit de l'humanité
même.

De là toutes les formes de l'organisation, depuis l'oligarchie la plus concentrée jusqu'à la
démocratie pure où l'esclavage restait toujours
comme base matérielle de l'État et comme garantie
de la liberté des citoyens, parce qu'il l'était de
leur propriété, la valeur réelle de celle-ci dépendant du travail dont l'esclave était l'instrument, et c'est ce qui rendit plus tard si difficile,
sous le Christianisme même, l'abolition de l'esclavage. Il fallait donner au travail une constitution toute nouvelle dont on n'avait aucune
idée.

Le droit public en Grèce, repoussant la polygamie, la famille reposa sur une base plus forte et
plus sainte. La conjonction devint union en se
spiritualisant; il y eut un vrai mariage; la femme

acquit de la dignité, sans néanmoins être encore soustraite entièrement à ce qu'avait d'excessif le pouvoir du mari. Il y avait dans sa condition quelque chose de l'épouse, et quelque chose aussi de l'état inférieur précédent. Elle ne fut mère qu'à demi, le père conservant sur l'enfant, au moment de sa naissance, le droit absolu de vie et de mort ; terme extrême de l'oppression de l'être faible.

Quelle que fût la forme de sa police, chaque cité se divisa en deux partis perpétuellement en guerre, le parti aristocratique qui, à l'aide des richesses qu'il possédait déjà, tendait à absorber le pouvoir par la propriété et la propriété par le pouvoir : le parti démocratique ou le peuple, qui réclamait sa part du pouvoir pour défendre sa propriété ou sa liberté.

Mais, pour exercer le pouvoir, en remplir les fonctions, il fallait du loisir, il fallait n'être pas dépendant chaque jour de son travail pour vivre. Là donc où la démocratie prévalut, à Athènes par exemple, le peuple reçut du trésor public une subvention qui lui permettait de vaquer aux affaires communes.

A Sparte, on fit un partage égal des biens, et, sans abolir la propriété individuelle, ni par conséquent l'héritage, on établit, en ce qui touche le repas, une véritable communauté. Toutefois l'égalité originelle du partage ne laissa pas de disparaître bien vite, malgré les précautions du législateur, et il ne réussit guère mieux dans celles

qu'il prit pour empêcher l'introduction du luxe
et pour maintenir la sévérité des mœurs. Il y
avait lui-même porté de graves atteintes en sacrifiant la pudeur du sexe et la sainteté du mariage
à l'idée abstraite de la cité, telle qu'il la concevait.

Ce qu'il importe surtout de remarquer dans ces
deux républiques, c'est que la constitution de la
liberté n'y était que la constitution de la propriété ; que celle-ci venant à manquer, l'autre
s'évanouissait à l'instant ; que, pour assurer la
propriété ou la liberté du citoyen, on fut con-
traint de soumettre au pur droit de la force, de
transformer en *chose* la plus nombreuse partie de
la population, et que là où l'on tendit, par le
partage égal des biens et un commencement de
communauté, à l'égalité absolue des fortunes,
outre qu'on échoua toujours, la population dé-
vouée au travail eut à supporter le poids d'une
servitude plus absolue aussi et d'une tyrannie
plus atroce. Aucune oppression ne surpassa, ni
peut-être n'égala jamais l'oppression des ilotes.

En résumé, le sentiment de la personnalité
humaine, né de la conception de la personnalité
divine, préside à une phase de développement
que caractérise l'établissement de la cité. Le mariage se spiritualise par l'abolition de la polygamie, dont le divorce est à peu près la dernière
trace légale, la condition de la femme s'élève.
Cependant le père conserve sur l'enfant à sa
naissance, et quelquefois bien au delà de ce terme,

un pouvoir pareil à celui que l'homme possède
sur les choses.

L'égalité et la liberté deviennent la base du
droit qui règle les relations entre les citoyens,
et la question de liberté se résume constamment
dans la question de propriété. Le devoir a pour
fondement la confraternité de tous les membres
dont se compose la cité ou l'association collective, qui, quoique dépendante encore du lien
charnel de l'identité de race, tend néanmoins par
son essence à s'en dégager peu à peu.

Mais, en dehors de la cité, il n'existe ni droit,
ni devoir, ni égalité, ni liberté, ni fraternité, ni
personnalité : la force pure règne seule dans une
servitude si profonde qu'elle ravale l'homme
au-dessous de l'animal. Pour l'esclave point de
mariage, point de famille, point de propriété.
Simple instrument de travail, il est meuble, il est
chose, il est, comme nous l'avons dit, la base
matérielle de la cité, le moyen et la garantie de
la liberté de l'homme véritable ou du citoyen. On
a fait un grand pas, il en reste de plus grands à
faire. Longue est la tâche de l'humanité, et son
labeur est rude ; mais pour l'adoucir, Dieu lui a
donné deux compagnes célestes, la foi qui la
soutient et l'espérance qui la console.

CHAPITRE IX

Société romaine.

Sans parler des esclaves proprement dits, dont
le nombre alla toujours croissant jusqu'à la décadence de l'empire, on voit à Rome, dès l'origine, deux classes profondément séparées : les
plébéiens (*gentes minores*) et les patriciens (*gentes majores*), le peuple et une aristocratie de
race possédant les richesses et le pouvoir. Quelles
que fussent les causes primitives de cette séparation, elle fut le principe d'une lutte intestine qui
dura sans interruption jusqu'à la fin de la répu
blique, et dans laquelle on suit, pour ainsi dire,
de l'œil la marche partout la même, mais voilée
quelquefois, de l'affranchissement progressif des
masses opprimées.

Distribuées en familles, *gentes*, desqnelles dé-
pendaient de nombreux clients, les patriciens
exerçaient sur eux, à titre de patronage, une autorité arbitraire de fait et presque sans limites.
Cette institution singulière offrait, dans sa com-
plexité, quelque chose du clan, et quelque chose
aussi de la domination absolue et impitoyable que
le vainqueur, dans l'antiquité, faisait peser sur
les vaincus. Il y avait des souvenirs de conquête
et d'une descendance différente dans le patriciat
si soigneux de ne pas se mêler avec la race infé-

rieure, la race asservie. Mais, d'un autre côté, à l'époque de la fondation de Rome, le développement du dogme et du sentiment de la personnalité, ainsi que le droit qui en dériva, poussaient, soit par l'effet de l'exemple, soit par une sorte d'instinct logique et la nécessité même des choses, les agrégations qui se formaient à se constituer en cités.

Dans la cité romaine, les patriciens étaient en possession du sacerdoce, des rites religieux, des augures, des charges publiques, de la plus grande partie des biens, et dépouillaient encore le peuple par la violence, la fraude, l'usure, du peu qu'il avait pu ou acquérir ou conserver. Eux seuls aussi jouissaient même des droits inhérents à la qualité d'homme. Le plébéien n'avait point de nom, parce qu'il n'était point en réalité une personne, mais, comme l'esclave, un instrument de production, et, à la guerre, une machine de combat. Il cultivait le sol, exerçait les métiers, exclu, du reste, de la religion de ses maîtres, sans mariage, sans famille, vivant d'une vie de travail, de souffrance et de misère avec sa femelle et ses petits.

Pour sortir de cet état, pour s'affranchir de cette dégradante servitude, il s'efforça de conquérir d'abord la personnalité, l'attribut distinctif de la nature humaine. Il réclama son admission dans la communauté religieuse, la participation aux rites sacrés, l'*égalité devant Dieu*. C'était demander la reconnaissance du droit radical d'où tous les autres devaient ensuite sortir forcément. La résistance des patriciens fut vive et opiniâtre. Il leur fallut pourtant céder. Relevé de sa déchéance, de l'abjecte condition de la brute, désormais le plébéien fut reconnu pour homme ; il trouva au pied des autels, dont jusqu'alors ses oppresseurs lui avaient interdit l'accès, le mariage, la paternité, la famille.

Il lui restait encore à acquérir, avec l'égalité politique et civile, le droit de cité, la liberté et la garantie de la liberté, c'est-à-dire la propriété. Les Romains étaient avant tout un peuple agriculteur. La loi fit deux choses, elle ordonna le partage des terres conquises, et fixa des limites à l'étendue des possessions. Mais les patriciens ou violaient ouvertement la loi, ou ils l'éludaient, et ces violations et ces fraudes demeuraient impunies, parce que seuls ils étaient chargés de l'exécution de la loi, qu'ils s'étaient réservé le monopole des emplois publics et tous les pouvoirs réels de l'État. En outre, ils ruinaient l'homme du peuple par des usures énormes, et, après l'avoir dépouillé de ses biens, se saisissant de sa personne, ils le réduisaient à la condition d'esclave ou de *chose*.

Il faut lire dans les historiens le récit de la longue et énergique lutte que les plébéiens soutinrent contre les patriciens pour secouer ce joug écrasant. Ce fut une guerre de plusieurs siècles, dans laquelle, à force de persévérance, les plébéiens triomphèrent définitivement. Ils comprirent que, pour vaincre, une action politique régulière, continue, était indispensable L'institution du tribunat leur fournit le moyen d'exercer cette action. Peu à peu ils se firent admettre aux grades les plus élevés du commandement militaire, à toutes les magistratures, et finalement au pontificat : de sorte que le cercle de leur affranchissement, qui avait commencé à l'autel, se ferma aussi à l'autel.

Lorsque les richesses et le luxe qu'elles engendrent, la mollesse et la volupté, eurent corrompu la nation entière; lorsque César, chef après Marius du parti populaire, concentra en ses mains tous les pouvoirs et institua l'empire, il fut l'instrument et le représentant de la dernière victoire du peuple. Mais la liberté n'était plus possible pour personne, à cause de l'absence du principe moral, de l'affaiblissement des croyances, du scepticisme presque universel, et aussi parce que la conception dogmatique qui avait conduit la société jusqu'à ce point, ayant produit tout ce qu'elle pouvait produire, ne contenait pas la puissance virtuelle d'un progrès ultérieur. Un développement nouveau du dogme était nécessaire pour qu'un développement social pût s'opérer sous l'influence d'une idée plus parfaite du devoir et du droit. Ce fut alors que le Christianisme, pressenti par une sorte de prophétique instinct, et comme attendu de tout le monde romain, se leva sur l'humanité

CHAPITRE X

Société chrétienne.

Pendant les siècles qui précédèrent immédiatement l'ère chrétienne, il s'était fait dans les esprits, en Grèce surtout, un travail obscur, mais
profond, une sorte de révolution vague encore,
qui se propagea jusqu'à Rome même, vers la fin
de la république. Le polythéisme déclinait, il
inspirait toujours moins de foi. On se détachait
de ces dieux que la poésie, qui avait perdu le
sens des antiques symboles, dégradait de plus
en plus, les transformant à l'image de l'homme
livré à ses passions et corrompu par elles. Les
vieilles religions, matérialisées, rétrécies, rédui-
tes à de vaines pompes dénuées de signification,
semblables à des organismes inertes et froids,
qui ne recouvrent plus les mystères de la vie, ne
trouvaient désormais de respect que parmi la
foule ignorante et superstitieuse. La raison re-
montait vers la Cause suprême, elle en cherchait une conception qui la satisfît davantage par
sa rigueur et sa clarté, et à mesure que la hiérarchie arbitraire des Puissances divines personni-
fiées s'effaçait des croyances, à mesure qu'on
s'efforçait d'atteindre à une notion plus élevée de
la personnalité en Dieu, la personnalité humaine

s'élevait également, et on découvrait de loin **un principe du droit** plus parfait et plus général.

Tout étant préparé pour un ordre nouveau de pensée et l'action, le Christianisme naquit. Par une magnifique et vaste synthèse, quoique incomplète encore, des religions antérieures, il opéra dogmatiquement l'union du Mosaïsme, qui avait conservé plus nette et plus pure l'idée fondamentale de l'unité substantielle de Dieu, avec le Polythéisme, qui, concevant en lui des propriétés, des énergies distinctes et nécessaires, s'était fait une notion plus juste de sa personnalité multiple ; notion qui, dans les derniers temps, avait commencé à pénétrer chez les Juifs mêmes en communication plus fréquente et plus intime avec les Grecs. Le Christianisme rejetant à la fois les fausses catégories polythéistes et l'anthropomorphisme païen, réduisit le nombre des personnes divines à ce qui existe en effet de nécessaire et d'essentiellement distinct dans l'unité du souverain Être. Mais, ne se trouvant point en contact immédiat avec les religions de la Nature, elle ne furent point enveloppées dans sa synthèse ; il ne détermina point la notion des propriétés, dont les personnes ne sont que le mode d'existence, et ne s'en occupa même aucunement. Négligeant ainsi la science du créé, la science de l'univers, et réagissant avec force contre le matérialisme et le sensualisme alors régnants, il se jeta dans un spiritualisme excessif, se posant, si l'on peut user de cette expression, hors de la Nature, en antagonisme avec elle, poussé encore à cela par l'idée originairement juive d'un état primitif surnaturel, et d'une déchéance de cet état, dans lequel l'homme ne pouvait être réintégré qu'en s'élevant au-dessus de la Nature déchue elle-même, en la combattant, en s'affranchissant de sa puissance, par une grâce ou par un secours surnaturel de Dieu.

Nous indiquons ici le progrès dogmatique et les bornes de ce progrès. Considérons-en maintenant les effets.

La personnalité multiple de Dieu, ramenée à l'unité absolue de son être, développa dans le même sens l'idée et le sentiment de la personnalité humaine. On s'était élevé de l'unité charnelle de la famille, de la tribu, du clan, à l'unité collective et spirituelle de la cité ; on s'éleva de celle-ci jusqu'à l'unité du genre humain. Participant à une même nature, tous les hommes furent égaux devant Dieu, frères dès lors, selon le sens le plus strict et le plus universel du mot, investi des mêmes droits, soumis aux mêmes devoirs. Egalité, fraternité, et conséquemment liberté, tel fut, sous ce rapport, le sommaire de la doctrine évangélique, la formule, en quelque façon, que les hommes désormais auraient à réaliser, par un travail ininterrompu dont le dernier terme était la constitution de l'humanité dans l'unité parfaite, et c'est ce qui fut senti tout d'abord : mais, en aspirant à l'époque heureuse où les peuples ne formeraient plus *qu'un seul troupeau sous un seul pasteur*, on n'appelait et l'on n'attendait qu'une unité purement spirituelle.

Au reste, le spiritualisme exclusif et surnaturel qui dominait la théologie chrétienne servit beaucoup aux disciples du Christ dans la tâche gigantesque qu'ils allaient entreprendre. Il les arma d'une force invincible contre les violences et les séductions, par le mépris du corps, des biens et des maux de la vie présente, de tout ce qui périt et passe. Maîtres du monde et d'eux-mêmes, quand ils ne craignirent et ne désirèrent que Dieu, leur triomphe put être retardé, mais il fut certain.

Par tant de principes absolus, ils entrèrent d'abord dans un système de pratique non moins absolu. Ils conclurent de l'égalité à la communauté. Mais aussitôt ils rencontrèrent les lois de cette même nature avec laquelle leur dogme incomplet, d'un côté, et, de l'autre, erroné par l'idée qu'il contenait d'un ordre surnaturel, les établissait en antagonisme, et leurs efforts vinrent se briser contre ces lois indestructibles.

Contraints de céder à une nécessité qu'ils ne comprenaient pas, qu'ils ne pouvaient comprendre, ils attribuèrent à la corruption de la Nature même ce qui n'était qu'une conséquence rigoureuse, indéclinable, insurmontable et dès lors légitime de son essence, de sorte que, dans le cours des siècles, le Christianisme offre le double phénomène d'une lutte incessante contre la nature, dans laquelle la nature triomphe toujours et d'un dé

veloppement qui incarne successivement dans les
faits sociaux les grandes et salutaires vérités que
renferme le dogme; et, chose digne de remarque,
ce développement présente, dans une sphère supérieure, exactement le même ordre de progrès,
les mêmes phases que les développements antérieurs.

Ainsi d'abord est proclamée, comme nous l'a-
vons dit, l'égalité devant Dieu, non l'égalité dans
une même race, dans une même cité, mais l'égalité de tous les hommes dans l'unité d'une même
nature, sans acception de Juifs ni de Gentils,
l'égalité enfin des enfants du même père qui les
embrasse tous dans un même amour.

Le mariage plus pur et plus saint se spiritualise dans sa source ; il est l'union des âmes avant
d'être l'union des corps. Les derniers restes de
polygamie disparaissent avec le divorce. L'épouse
devient véritablement la compagne de l'époux,
son aide, chargée seulement de fonctions diverses. Comme l'Adam et l'Ève de Milton, ils s'a-
vancent *main en main,* dans le monde ouvert devant eux, et ne se quittent qu'à la tombe, pour
bientôt se rejoindre encore : et si la loi morale
apparaît seule dans cette indissoluble union, elle
n'est cependant que l'expression de la loi physio-
logique même, avec laquelle elle forme une harmonie divine. L'enfant aussi est désormais, dès
sa naissance, un être sacré. Quelques gouttes
d'eau versées sur sa tête l'initient au droit
d'homme. Sa vie ne dépend plus du caprice des

parents. Le pouvoir absolu du père s'est changé en un devoir d'amour et de protection.

Toutefois l'esclavage ne fut point immédiatement aboli par un commandement positif, mais il fut adouci par les mœurs et par les lois même où l'esprit du dogme pénétrait peu à peu.

Ici on doit se rappeler que le Christianisme n'embrassa point dans sa synthèse les religions de la Nature, et que même il rompit en quelque manière avec elle, en se définissant comme la législation d'un ordre surnaturel. Et c'est qu'en effet le lien de Dieu et de la nature réside dans les propriétés distinctes et nécessaires de l'Ètre infini, et que les personnes divines, séparées des propriétés qui en sont le fondement, le *substratum*, pour ainsi parler, n'offrent plus qu'une idée abstraite, une sorte d'entité vague qui échappe à la conception, un *mystère* enfin éternellement inaccessible à l'esprit, pour qui le mot *personne* n'exprime qu'un simple mode d'existence, sans donner la notion essentielle et différentielle de ce qui existe sous ce mode dans l'Ètre absolu.

Cette hypothèse, selon laquelle le Christianisme constituait un ordre surnaturel, hypothèse liée à l'exclusion, ou plutôt à l'absence de la partie du dogme complet correspondante aux religions de la nature, fut ce qui le rendit impuissant à organiser la société, à se l'assimiler, à l'absorber en soi. Il agit sur elle par ce qu'il contenait de vrai, mais il ne put s'emparer d'elle, la modeler sur son propre type, parce qu'il ne pouvait la soustraire à l'empire de la Nature et de ses lois ; parce que, ne voyant dans l'homme comme en Dieu que la seule personnalité et ses attributs abstraits, il se renfermait dans un spiritualisme qui conduit forcément à des principes et des conséquences absolues, et, sous ce rapport, en opposition avec les réalités créées, où tout est, au contraire, contingent et relatif. L'ordre terrestre, avec ses conditions nécessaires, était dès lors pour lui une gêne, un obstacle, une déchéance, quelque chose qui se liait à l'idée du mal, puisqu'il excluait le bien tel que la théologie chrétienne enseignait que l'homme l'avait possédé et devait le posséder encore.

Quoi qu'il en soit, il est évident que, si la société a un but au-dessus de la Nature, elle est cependant soumise à ses lois, et qu'ainsi le Christianisme, en antagonisme avec la Nature, ayant pour fin de rétablir l'homme dans un état surnaturel dont il le supposait déchu, se plaçait dans une sphère idéale, se séparait du monde sociale, du monde réel, par cette partie de sa doctrine ; et que dès lors ce monde, faute d'un dogme qui contînt la loi de son développement propre, dut se constituer d'après le dogme ancien, modifié seulement, comme nous l'avons dit, par le principe moral plus élevé, que le Christianisme avait introduit dans la conscience humaine.

De là cette grande scission, opérée sous Constantin, entre la société spirituelle et la société temporelle, qui ne furent l'une et l'autre depuis lors qu'une permanente manifestation de l'antago-

nisme radical que nous venons de faire remarquer.
Il y eut deux sociétés qui reposaient, l'une sur le
droit chrétien de l'unité et de l'égalité universelle, l'autre sur le droit antique de l'unité et de
l'égalité de race, ou de cité, lequel, hors de là,
laissait subsister le droit aveugle de la force.
Tous les chrétiens, sans excepter les membres
mêmes du sacerdoce, vécurent donc à la fois dans
ces deux sociétés dont les principes étaient incon-
ciliables : d'où la guerre perpétuelle établie entre
elles, et les désordres, les contradictions, la tendance réciproque à prévaloir, et l'impuissance de
prévaloir d'une manière complète et définitive, le
mélange confus d'actions et de réactions, et tous
les contrastes si étranges qu'elles présentent durant une période de quatorze siècles. Tantôt le
Pouvoir temporel, obéissant à la foi religieuse,
modifiait pratiquement son droit dans le sens du
droit chrétien ; tantôt le Pouvoir spirituel, mêlé
forcément au monde extérieur, associé à ses
intérêts, subordonnait, pratiquement aussi, ce
même droit chrétien au droit générateur des institutions politiques et civiles. Un dualisme profond, représenté par l'Église et l'État, opposait
entre eux les éléments mêmes de la vie.

Suivons, au milieu de cette lutte, le progrès de
l'humanité.

CHAPITRE XI

Continuation du même sujet.

Après la chute de l'empire romain, l'Europe civilisée changea de face. Il s'y constitua de nouvelles nations, qui étaient déjà dans la vigueur de leur croissance à l'époque où le mahométisme pétrifiait l'Orient par une doctrine très-analogue au déisme moderne, doctrine qui, en niant tout ensemble et les propriétés divines et leur mode d'existence personnelle, oppose un obstacle invincible au développement de la personnalité humaine, et détruit le germe même de la science.

Dans les contrées occidentales, l'Église convertit à la foi chrétienne les peuples conquérants, mais elle ne put ni leur donner un droit politique, un droit social qu'elle ne possédait pas, ni substituer à l'organisation du travail fondé sur l'esclavage une autre organisation. Ses tentatives en ce genre aboutirent constamment à la communauté, au régime monastique, qui impliquait le célibat et l'abdication de la liberté individuelle ; régime favorable à la production aussi longtemps que durait la pauvreté primitive, mais qui, la richesse une fois produite, engendrait immédiatement la corruption, et, par la corruption, la ruine de l'institution même.

Les sociétés qui s'établirent après l'invasion du monde romain reposèrent sur le droit de conquête ou sur le droit de la force, et ce droit régla la hiérarchie des conditions et des fonctions. L'égalité, telle qu'elle existait parmi les conquérants était une égalité de race. Ils n'en connurent point d'autre originairement, et ce principe, sous des noms et des formes diverses, subsiste encore, même aujourd'hui, dans presque toute l'Europe. De l'égalité ainsi conçue sortait la liberté, qui eut, comme partout, comme toujours, la propriété pour expression et pour garantie. A peu d'exceptions près, la population conquise, en dehors de ce droit de race, en dehors de l'égalité, de la liberté, de la propriété, par cela même fut réduite à l'état d'esclavage. Voyons comment le Christianisme le modifia progressivement.

D'abord, en imprimant au front de l'esclave, égal de l'homme libre devant Dieu, le sceau de l'humanité, il fit de lui une personne. La personnalité eut pour conséquence le mariage, la famille. Et c'est ici qu'on découvre clairement l'importance du caractère d'unité et de sainteté que le mariage acquiert, à mesure que la société avance dans les voies de son perfectionnement. Non-seulement la femme doit à ce caractère son affranchissement et sa dignité, tout ce qui fait d'elle la compagne de l'homme, l'épouse véritable, mais il est la sauvegarde de la famille entière, devenue un tout indivisible ; il crée un lien qui n'existait pas là où règne, à un degré

quelconque, la polygamie simultanée ou successive; et enveloppant en quelque façon la mère
et les enfants dans la personnalité du père, il la
rend plus inviolable en y attachant, avec une con-
sécration nouvelle, l'idée et le sentiment d'une
perpétuité indéfinie.

Le Christianisme couvrit encore les faibles, les
opprimés, de la protection d'un droit moral
émané du dogme de la fraternité humaine, droit
qui réagissait, lentement il est vrai, mais continuellement contre le droit de la force. A l'esclavage succéda le servage, et le serf différa de l'esclave en ce qu'il ne put être arraché du sol,
transporté d'un lieu à un autre lieu, ni séparé
de sa famille, qu'un nœud sacré unissait à lui,
qui était lui-même. S'il dut encore son travail
au maître, il se fit entre eux un partage de ce travail même ; une partie appartint au serf ; il lui
fut permis de cultiver une certaine portion de
terre et d'en recueillir les produits ; quelques
jours de la semaine lui furent concédés à cet effet;
les autres jours, employés au profit du maître,
étaient une sorte de redevance, de loyer de la
terre laissée à sa disposition. Il y avait, dans cet
état du cerf, un commencement de propriété et
conséquemment de liberté.

L'artisan s'affranchit plus vite parce qu'il par-
vint plus vite à se créer une propriété. Il racheta
complétement sa personne, son droit personnel,
et la classe libre s'augmenta encore par les af-
franchissements gratuits que multipliaient l'in-

fluence du principe religieux et celle de l'É-
glise.

Le travail de l'homme affranchi lui appartenant désormais, il put le vendre, l'échanger en
vertu de conventions mutuellement volontaires
et libres à ce point de vue. Ainsi naquit le salaire, qui, peu à peu substitué au servage, devint la base d'une constitution nouvelle du travail. C'était là, certes, un grand progrès, mais
qui devait un jour en amener d'autres plus grands
encore, car l'humanité ne s'arrête jamais.

La condition morale de la liberté, la condition
de droit, existait pour le salarié; mais dépendant immédiatement de son travail pour vivre,
et son salaire dépendant de ceux qui achetaient son
travail, et, par une conséquence de leur position
plus avantageuse, en fixaient le prix presque à
leur gré, la condition de fait ou matérielle de
cette même liberté lui manquait, c'est-à-dire un
fonds qui lui fût individuellement acquis, la propriété.

Quelques-uns, par leur industrie et d'heureuses circonstances, parvinrent à se créer ce fonds
au moyen de l'épargne, et bientôt ils formèrent
une classe séparée. Mais ceux-ci, à leur tour,
s'aperçurent promptement que leur propre liberté
incomplète encore, n'avait dans l'institution politique et civile aucune garantie. Cette garantie
indispensable à leur sécurité, ils avaient le droit
de l'exiger, et ils la réclamèrent en effet, mais
il fallut la conquérir. De là tout ensemble et l'éta-

blissement des Communes et la naissance de la classe intermédiaire appelée bourgeoisie.

La Commune correspond, dans le moyen âge, à ce qu'était, dans le monde antique, la cité. Elle se constitua au profit de l'aristocratie bourgeoise, c'est-à-dire de ceux qui, parmi les affranchis, réunissaient les deux conditions de la liberté, le droit personnel ou la condition morale, la propriété ou la condition matérielle. Les autres restèrent en dehors de la cité nouvelle, ne jouirent point des prérogatives réservées aux seuls bourgeois; ils furent dans la Commune ce qu'étaient les plébéiens à Rome, non des esclaves, mais des prolétaires; le peuple, *la plébe.*

Quelque imparfaite que fût l'institution des Communes, elle servit néanmoins .a cause de la civilisation générale, elle marqua une des phases du développement de la liberté chez les nations chrétiennes. Par elle un élément nouveau , qui devint le tiers état, fut introduit dans l'ordre politique. Elle contribua à ébranler le système féodal, qui n'était guère que l'organisation de la conquête au profit exclusif des conquérants. Les mœurs s'adoucirent, l'arbitraire rencontra un obstacle déjà puissant dans la conscience publique que pénétrait de plus en plus le principe chrétien; la justice, moins partiale, prit une forme plus régulière ; la faiblesse fut mieux protégée ; le servage diminua graduellement; la richesse s'accrut par l'effet même de l'affranchissement du travail et par l'extension de la propriété. Le nombre de ceux qui acquirent ce complément de leur droit augmentant chaque jour, chaque jour aussi une séve plus abondante de liberté circula dans le corps social.

Ici s'ouvre une ère dont il importe de bien saisir l'esprit et le caractère.

CHAPITRE XII

Mouvement de la société chrétienne du quinzième au dix-huitième siècle.

Quoique l'évolution religieuse et l'évolution politique s'enchaînent avec la même rigueur que la cause et l'effet, nous parlerons successivement de l'une et de l'autre; on en comprendra mieux chacune d'elles en soi et leur étroite liaison.

Dès que le dogme théologique put été définitivement constitué, l'esprit humain obéissant à ses lois essentielles, le sonda en tous sens, s'efforça de le concevoir, de le développer, rejetant comme des erreurs ou des hérésies les opinions logiquement iucompatibles avec ce dogme fondé sur la croyance à un ordre surnaturel, et que caractérisait, en ce qu'il a de radical, un spiritualisme absolu. La pensée dès lors, détournée des réalités contingentes, se renferma exclusivement dans la sphère des essences immatérielles et des pures idées. Il se fit un travail de la raison abstraite, dont la philosophie scolastique, qui, du douzième au treizième siècle, atteignit son plus haut point d'élévation, fut le produit, à plusieurs égards, magnifique. Car, fortifié par cette espèce de gymnastique intellectuelle, l'esprit humain acquit une puissance, une sagacité, et surtout une rigueur de méthode qui devait être plus tard un inappréciable moyen de progrès.

Cependant, le dogme épuisé dans ses conséquences directement accessibles à la pensée, le travail cesse d'être fécond; on tombe dans la subtilité, dans les attractions vides : et d'ailleurs on ne pouvait se fixer à jamais dans un spiritualisme exclusif, qui rompait le lien naturel du Créateur et de la Création, et mutilait en quelque manière la foi native et primordiale. Une réaction s'opère, l'homme se sent pressé de sortir de l'enceinte qu'une doctrine rigide trace autour de lui. Il remue des questions dont lui-même il ignore la portée, questions de philosophie, questions de droit ; il aspire à quelque chose qu'il ne connaît pas : mais partout, mais toujours, il trouve devant lui, comme une barrière infranchissable, le dogme théologique et l'autorité qui se dit surnaturellement établie, surnaturellement inspirée pour conduire la raison humaine et l'empêcher de s'égarer au dehors de ce dogme absolu.

Toutefois l'instinctif besoin du progrès est plus fort que tous les obstacles. Le temps était venu où l'humanité devait accomplir une nouvelle phase de son évolution. Le protestantisme paraît. Il s'en prend d'abord à l'autorité qui enchaînait l'esprit dans le dogme défini par elle. Il ne nie point l'ordre surnaturel, trop affermi dans la croyance pour qu'on pût alors songer même à l'y ébranler. Le protestantisme l'admet donc, en en rejetant la conséquence rigoureuse, prochaine, immédiate ; il effectue, par une contradiction immense, un immense affranchissement. Car il soumit de fait l'ordre surnaturel à la raison naturelle, et, dépassant même toutes les bornes, il méconnut les lois de celle-ci, en ne donnant à chacun, individuellement, que sa propre raison pour règle du vrai, erreur qui devait infailliblement aboutir au scepticisme.

Cette liberté une fois conquise, une activité extraordinaire, que secondait encore l'invention de l'imprimerie, se manifesta de toutes parts. On étudia l'antiquité, on en recueillit les monuments, on les commenta, on se familiarisa avec les idées qu'ils contiennent, renouant ainsi la chaîne interrompue des philosophies. Réveillée comme d'un long sommeil, la Nature exerça sur l'homme une puissante attraction. Elle envahit l'art, et bientôt, se subordonnant l'élément spirituel qui en fait la grandeur et la vie véritable, elle le précipita dans une décadence d'où jusqu'ici il n'a pu se relever.

L'esprit humain, cependant, attiré dans la voie ouverte, devant lui, et qui maintenant est celle du progrès, redescend des hauteurs du spiritualisme chrétien dans la Création. Il observe les phénomènes et s'applique à la recherche de leurs causes et de leurs lois. Les forces intellectuelles précédemment acquises, il s'en sert pour créer les fécondes méthodes, les instruments logiques qui ont tant aidé à l'avancement de la connaissance dans l'ordre des réalités contingentes. Les sciences physiques naissent ; on pressent d'abord, puis on découvre et l'on démontre quelques-unes des grandes lois de l'univers. L'Eglise s'inquiète ; elle n'a pas en soi, dans son dogme, le principe générateur et régulateur de ce mouvement nouveau. Mais comment l'arrêter ? Elle l'essaye néanmoins, elle condamne Galilée : la raison l'absout, et la raison l'emporte. Voilà deux ordres et deux puissances : la puissance naturelle de la raison, qui règne souverainement dans l'ordre naturel ; la puissance surnaturelle de l'Église règne souverainement aussi dans l'ordre surnaturel : donc un vrai dualisme qui, après de longs combats, doit se résoudre finalement dans une unité plus haute et plus complète, car l'esprit humain a une tendance invincible à l'unité.

Cependant l'effet de ce dualisme passager est de scinder la nature humaine et de constituer, comme nous venons de le dire, deux ordres séparés et indépendants, l'ordre naturel où la raison n'est assujettie qu'à ses seules lois, et l'ordre surnaturel dans lequel elle doit obéir en vertu de lois toutes différentes : d'où deux ordres aussi de vérités sans relation entre elles, et qu'on va même jusqu'à déclarer pouvoir être contradictoires, les vérités scientifiques et les vérités de foi.

A mesure que la science croît et se consolide en croissant, la réaction contre l'ordre surnaturel devient plus vive. On l'identifie avec les dogmes fondamentaux avec les principes éternels de toute conception possible, et on les enveloppe dans une négation commune. En antagonisme avec la Nature, le Christianisme concentrait l'homme et toutes choses en Dieu, où elles ont leur essence. En antagonisme avec Dieu, la science, isolée de sa source concentre l'homme et toutes choses dans la Nature, qui ne contient la raison de rien, parce qu'elle ne contient pas la raison d'elle-même. Le matérialisme, et le sensualisme envahissent la société, soumise, comme tout le reste, à une nécessité fatale. La morale chancelle sur ses bases ruinées. On cherche dans le corps, dans l'organisme les lois de l'intelligence, dans l'intérêt les lois de l'amour; l'utile remplace le juste, et l'égoïsme le dévouement. Plus d'esprit de sacrifice, le devoir est un mot désormais vide de sens.

Et il faut bien comprendre qu'étant données les deux tendances contraires, ces conséquences étaient inévitables. La tendance du spiritualisme chrétien, tel que l'avait constitué la raison abstraite, était de descendre de la Cause absolue jusqu'aux derniers effets contingents, et de les expliquer par l'action immédiate de cette Cause (1) La tendance scientifique est de remonter des derniers effets, à travers les causes finies et contingentes, jusqu'à une ou plusieurs causes premières de même nature qu'elles. Ainsi le spiritualisme chrétien élimine les causes dérivées : la science élimine la cause absolue.

Toutefois les impérieuses nécessités de la raison, les lois essentielles et indestructibles de l'intelligence, ramènent forcément la science au dogme primitif et fondamental abstraitement développé par le Christianisme, qu'en même temps elle rattache à l'ordre naturel. Car si, par la recherche des causes secondes, son mouvement au sein de la Nature l'éloigne des vérités absolues, elle s'en rapproche par un autre mouvement au sein des idées pures, obligée, quoi qu'elle fasse, de remonter, au delà de ce que les sens perçoivent, jusqu'aux seules causes au moyen desquelles les phénomènes puissent être conçus, les causes réellement premières et nécessaires.

Or, ces causes, inhérentes à l'Être infini, sans quoi elles ne seraient ni premières ni nécessaires, sont précisément ce que nous avons appelé les propriétés divines. La science donc étant rentrée, avec tout ce qu'un travail de quarante

---

(1) C'est ce qu'a fait Malebranche en niant l'efficace et conséquemment la réalité des causes secondes. L'harmonie préétablie de Leibnitz s'éloigne peu au fond de l'idée de Malebranche : elle tend aussi à la négation des causes finies

siècles a pu ajouter de secours à ceux que les hommes possédaient au commencement, — la science, disons-nous, étant rentrée dans les voies primitives de l'esprit humain, s'efforce de résoudre le problème que se proposaient les religions de la Nature exclues de la synthèse chrétienne ; et une synthèse nouvelle tend à se former, laquelle, unissant le spiritualisme chrétien et le naturalisme scientifique, le Créateur et la Création, et les lois de l'un et de l'autre, complétera le dogme ancien et constituera, en ce sens, un dogme nouveau, dont le caractère sera la négation d'un ordre surnaturel, d'un ordre intermédiaire entre Dieu et son œuvre, et la détermination des propriétés de l'Être absolu, sans lesquelles les personnes déterminées elles-mêmes par le Christianisme ne sont que des abstractions logiques dépourvues de réalité véritable.

Ainsi l'humanité, après avoir parcouru un cercle immense, se retrouvant à son point de départ, affirmera derechef le dogme primordial, identique avec l'intelligence ; elle proclamera, au nom de ses progrès mêmes, le premier article du symbole répété d'âge en âge par le genre humain : « Je crois en Dieu, créateur du monde distinct de lui et uni à lui. » La foi, essentiellement et nécessairement invariable, n'aura point changé, mais elle sera devenue science, dans les limites où le permettent notre puissance et notre mode de conception.

CHAPITRE XIII

Suite du même sujet.

Au mouvement religieux dont nous venons
d'esquisser le tableau correspond un mouvement
social qui, engendré par lui, en reproduit, sous
une autre forme exactement les phases, et
n'est que l'incarnation des doctrines dans les
faits.

Reportons-nous à l'époque où, les derniers
restes du monde romain ayant disparu, l'Europe
presque tout entière, après les temps d'anarchie
et de désordre qui suivirent la conquête, s'organisa de proche en proche, suivant le système
féodal, devenu, au moyen âge, l'expression du
droit politique et civil, dérivé, comme nous l'a-
vons dit, du droit de la force, et qui le consacrait. S'il avait régné seul et sans opposition, on
aurait vu renaître bientôt les vices qui mar-
quèrent la fin de l'empire, le matérialisme et ses
conséquences, l'abjection des âmes, la corruption
effrénée des mœurs, avec la barbarie de plus.
Mais l'humanité ne rétrograde point. Le Christianisme réagit contre la force aveugle et brutale, par
le principe d'égalité, de liberté, de fraternité, qu'il
avait introduit dans la conscience humaine, et
aussi par la puissance propre de l'élément spirituel, supérieur à toute puissance physique, et

sur lequel l'Église fondait son pouvoir de **gouver-**
nement. N'ayant toutefois qu'un dogme incomplet, et, à quelques égards, erroné, elle ne possédait point les conditions indispensables pour
effectuer l'affranchissement définitif de l'humanité, la réalisation du droit évangélique. Elle fut
même logiquement contrainte de prendre une
direction tout autre, et de s'engager en des voies
par lesquelles elle n'eût abouti qu'à substituer à
un despotisme absolu un despotisme plus absolu,
et seulement moins dégradant pour l'homme.

En effet, pendant que la raison abstraite développait le spiritualisme chrétien d'après l'idée re-
çue d'un ordre surnaturel, la société tendait à se
constituer surnaturellement aussi sous l'autorité
théocratique du Pouvoir spirituel institué divinement. On sait tout ce que fit, durant plusieurs
siècles, la Papauté pour atteindre ce but. En atta-
quant le droit de la force, en essayant d'introni-
ser, pour ainsi parler, à sa place le droit de l'intelligence, elle servait bien évidemment les intérêts du genre humain, et de plus, la foi de ces
âges étant donnée, elle avait la logique pour elle.
Cependant elle échoua, tous ses efforts vinrent se
briser contre la puissance inéluctable de la Nature. Radicalement séparée d'elle, en antagonisme
avec elle par le dogme sur lequel reposait son
pouvoir, elle n'y pouvait soumettre pleinement la
société qu'en la transportant d'un ordre naturel
dans un ordre surnaturel, c'est-à-dire chimérique; et cet ordre surnaturel n'eût-il été sim-

plement que l'ordre effectif des réalités immatérielles, la société ayant, ainsi que l'homme, des
conditions physiques d'existence, liée par ces
conditions encore à la nature et dépendante de
ses lois, aurait manqué, en se confondant avec
l'Église et s'absorbant en elle, d'un principe
essentiel de sa vie et du développement de sa
vie.

Avertie par un sûr instinct, elle résista donc
à l'action de la Papauté, et les princes, sous ce
rapport, furent, sans le savoir, ses vrais représentants et les représentants du progrès. Aussi
cherchèrent-ils leur point d'appui dans la science
qui commençait à poindre, à germer en quelque
façon, mais hors de l'Église, qui, n'en contenant
point le dogme générateur, ne put ni la diriger
ni la dominer. En vain assujettit-elle à son autorité et à son inquiète surveillance les Universités
qui naissaient de toutes parts ; elles devinrent
bientôt presque partout des centres d'opposition
contre elle, et une arme redoutable entre les
mains des Princes.

Le protestantisme, sur ces entrefaites, vint,
par une rupture éclatante, détacher d'elle une
partie de l'Europe. Mais, d'un côté, conservant
la croyance à un ordre surnaturel, il ne contribua point, d'une manière directe, à l'avancement
de l'esprit humain ; et, d'un autre côté, se résolvant dans l'individualisme pur, conséquemment
dans le scepticisme quant au principe logique,
et, quant à la pratique, dans la doctrine égoïste

de l'*utile*, il ébranla les bases de la morale publique et favorisa l'extension du despotisme des souverains, qui réunirent en eux les deux Puissances jusque-là séparées. Toutefois aussi, en provoquant les recherches de tout genre pour les besoins de la controverse, et en élargissant la sphère de la liberté de la raison, le protestantisme hâta le développement de la science, et concourut ainsi à la révolution qu'elle devait opérer. Chaque jour elle s'annonça par des signes plus certains ; chaque jour le Pouvoir spirituel, dépouillé de son prestige, déclinait, et, vaincu enfin, il tomba dans un état de subordination de plus en plus profonde, dans un véritable vasselage à l'égard du Pouvoir temporel. Déjà même, au temps de Charles-Quint, il n'était guère qu'une ombre révérée encore extérieurement, mais dépourvue de puissance réelle.

Cependant le pouvoir des Princes, qui s'était rattaché au droit impérial, au droit antique de la force, n'avait aucune base de justice, aucun principe moral. De là ce système de politique qui régla les relations des États entre eux et des souverains avec leurs sujets, politique fondée sur l'intérêt seul, et que, après l'envahissement des doctrines sensualistes et matérialistes, on ne craignait plus d'avouer hautement. Aux lois spirituelles de la vie on substitua un équilibre de forces.

Dès lors, comme il existait deux ordres de vérités réciproquement indépendantes et que même on supposait pouvoir être contradictoires entre elles, il exista deux droits réciproquement indépendants et que l'on supposait aussi pouvoir être contradictoires entre eux. Le dualisme, dont nous avons précédemment parlé, s'étendait à tout l'homme, à toute la société ; rien n'y échappait.

Toutefois le Christianisme, en ce qu'il a d'éternellement vrai, loin de s'affaiblir, se développait incessamment dans la raison et la conscience humaine, et à mesure que la science, qui opère l'union du nécessaire, de l'absolu et des réalités contingentes, se développait elle-même, il tendait de plus en plus à modifier les faits sociaux.

L'égalité, la fraternité, la liberté évangéliques, rappelés sans cesse par l'enseignement, passaient peu à peu dans les mœurs, s'infiltraient, quoique lentement, dans les institutions. La féodalité se dissout ; les grands vassaux, toujours menaçants pour la royauté que plusieurs fois ils ont mise en péril, sont abattus ; ils entraînent les autres dans leur chute ; puis l'édifice entier croule. Il ne reste plus qu'une noblesse encore investie de priviléges, mais privée de puissance politique. Le même mouvement emporte les Communes, que nous avons vues se constituer au moyen âge sur un principe aristocratique pareil à celui qui présidait à la cité antique.

Pendant ce temps-là, le peuple, soustrait en partie à l'oppression de ses maîtres, a acquis des droits, et d'abord les droits personnels. La loi l'a mis en pleine possession de ceux qui dérivent du mariage et de la paternité. A peu de restrictions près, son travail appartient à lui seul, et, par le travail, un nombre chaque jour plus grand parvient à se créer une propriété, complément de la liberté et sa garantie première.

Après une lutte de dix-huit cents ans contre le droit de la force, le droit chrétien fondé sur l'unité de nature triomphe définitivement. La royauté avait de proche en proche absorbé les pouvoirs qui, à différents degrés, pesaient sur le peuple, et par là elle avait servi la cause de l'humanité, quoiqu'à son insu, car elle croyait n'avoir combattu que pour elle-même. Réduits à leur plus simple expression, maintenant les deux droits sont en présence, le droit du peuple ou le droit de tous, le droit de la royauté ou le droit d'un seul. Un dernier combat décidera lequel doit prévaloir. La royauté succombe et ne pouvait pas ne point succomber. C'était le monde ancien qui achevait de se retirer devant le monde nouveau, dont le Christianisme avait préparé la naissance.

Et voyez quel espace a été parcouru. A l'origine de ce grand mouvement, le peuple était esclave : le voilà souverain. Il y aura bien sans doute encore des résistances, mais toujours plus faibles, comme les vagues qui s'abaissent peu à peu après la tempête. L'affranchissement complet, universel, est proclamé. Plus de distinction de famille ni de race, plus de classes, plus de priviléges politiques ou civils ni maîtres, ni serfs,

mais des frères unis par les mêmes devoirs. L'é-
galité, la liberté, tel est le droit reconnu, le droit
qui devra régner désormais.

Mais ce droit, abstraitement admis, n'existe
encore que dans l'esprit, dans la conscience ; il
manque d'un corps, pour ainsi parler. Qui le lui
donnera? qui le réalisera dans ses conditions extérieures? qui l'organisera? le Christianisme ne
le peut, deux obstacles l'en empêchent. Séparé
de la nature, en dehors d'elle, en antagonisme
avec elle, il n'a aucune puissance sur elle. Et cet
obstacle fût-il écarté, il en resterait un second non
moins grand. Dans sa conception du souverain
Être, s'attachant à la seule personnalité, le Christianisme a posé un dogme vrai, mais incomplet
sous deux rapports : en ce qu'il ne détermine
point la notion fondamentale des personnes, ou
la notion des propriétés qui forment le lien de
Dieu et de la création ; en ce qu'il ne détermine
pas davantage le principe du fini, tel que nécessairement il existe dans l'Être infini ; d'où il suit,
d'une part, que, relégué dans les régions de l'absolu, hors du monde des phénomènes contingents
et relatifs, il manque de la vertu plastique qui
réalise selon leurs lois propres, les existences au
sein de ce monde ; et, d'une autre part, qu'il ne
contient pas le dogme générateur et régulateur
de la science, ce qui explique clairement pourquoi elle s'est développée hors de lui, sans qu'il
ait eu ni pu avoir aucune action sur elle.

La science seule ne saurait non plus réaliser

le droit reconnu, l'égalité, la liberté, car ce droit ne dérive pas d'elle ; elle n'en a pas en soi le principe générateur, ni celui du devoir : tout au contraire, la nature, où tout est relatif et dépend de causes nécessitantes, c'est l'inégalité, la fatalité.

Le devoir, le droit ont leur racine dans les lois spirituelles des êtres. Aussi, quand la science a prévalu, quand, par une réaction contre le spiritualisme chrétien, on n'a plus admis d'autres lois que celles qui président aux phénomènes physiques fatalement enchaînés les uns aux autres, ou les lois propres de la nature, le droit et le devoir, impossibles à comprendre, ont été explicitement niés, ou remplacés de fait par les théories matérialistes de l'*utile,* qui ont enfanté avec la fureur des jouissances sensuelles, l'égoïsme pratique, lequel, en ce moment plus que jamais, tend à dissoudre la société, et la livre de nouveau, mais passagèrement, au droit aveugle de la force, qu'avaient engendré les antiques religions de la nature.

Donc, impuissance absolue de sortir des contradictions de l'état présent, de réaliser le droit et le devoir, de les incarner dans l'organisme social, jusqu'à ce que le dogme religieux s'étant complété en se développant, comprenne tout ensemble le principe moral et le principe scientifique, inséparables désormais. Ramené dans l'ordre naturel, le Christianisme donnera les lois de la vie spirituelle ; ramenée dans l'ordre spiri-

tuel, la science donnera les lois de la vie physique, les lois de l'organisation, lesquelles forment
avec les premières la législation complète de l'humanité. Aussi longtemps que la science se ren-
fermera exclusivement dans la sphère des purs
phénomènes, elle sera destructive du droit; aussi
longtemps que le droit ne descendra pas dans
cette sphère, il demeurera stérile. Le revêtir d'un
corps, tel est le but de la science spéciale appelée économie politique, laquelle n'est que l'application de toutes les autres à la solution des
problèmes sociaux, en ce qui touche leurs conditions matérielles.

Définitivement, donc, le problème général, le
problème d'où dépend l'avenir du genre humain,
se résout, comme on le voit, dans la nécessité
d'une conception qui, embrassant et unissant
les deux termes unis déjà dans l'affirmation
constitutive de l'intelligence ou le premier article du symbole primordial, Dieu et l'Univers, le Créateur et la Création, enveloppe dans
une même synthèse universelle, indivisible,
les idées nécessaires et les phénomènes contingents, les lois absolues des essences et les lois
secondaires de leurs progressives manifestations.
Et visiblement on approche du temps où s'effectuera cette indispensable et magnifique synthèse.
Les progrès de l'égoïsme et ses funestes conséquences ramènent de tous les points, même les
plus éloignés, au principe chrétien du devoir. Le
Christianisme théologique, sans influence sur la

société, isolé dans l'ordre surnaturel dont son dogme incomplet l'a forcé de supposer l'existence, sent que quelque chose lui manque, qu'il existe un grand vide au dedans de lui. La science, après avoir rassemblé des faits, observé, expérimenté, se perd dans ses domaines obscurs et confus, en proie, comme la société, à une sorte d'individualisme qui finirait par lui ôter tout caractère de science véritable. Elle tend à l'unité par la recherche des causes, et après avoir remonté la série entière des phénomènes que perçoivent les sens, elle commence à comprendre que les vraies causes sont immatérielles, ce qui la conduira, par la nécessité de s'élever, jusqu'aux causes premières et nécessaires sans lesquelles aucune cause ne peut être conçue, à déterminer ces causes mêmes, qui ne sont autres que les propriétés divines, c'est-à-dire à compléter le dogme ou la science de Dieu.

CHAPITRE XIV

Loi du progrès. Etat actuel du peuple.

L'histoire entière de l'homme, en ce qui intéresse fondamentalement ses destinées terrestres, se résume dans ce que nous venons de dire. On y voit la société naître partout et se développer selon les mêmes lois invariables. Elle n'est amais que la forme extérieure, l'expression du dogme reçu ou de la conception que l'on s'est faite du double objet de la foi primitive, Dieu et la Création. Tout sort de cette conception mère, par une nécessité logique invincible, et le développement même de l'humanité.

Mais il faut bien comprendre que l'homme, uni à Dieu par ce qui fait de lui un être intelligent et moral, uni à la nature par les conditions corporelles de son existence, dépend de deux ordres de lois, qui, opposées à plusieurs égards, doivent néanmoins concourir à un même but, converger vers une même unité, car l'homme est un, et tout gravite vers l'Etre infini, principe et fin de toutes choses.

Ce mouvement par lequel la création, manifestation extérieure de Dieu, sa reproduction, telle qu'elle est possible au sein du temps et de l'espace, se rapproche éternellement de lui, constitue le progrès, première loi des êtres, identique avec celle de leur existence. Mais tous n'ont pas en eux-mêmes le germe d'un progrès indéfini, et parmi ceux connus de nous, c'est le privilége exclusif de l'homme.

Or, en tant qu'être physique, l'homme rencontrerait à son progrès les mêmes obstacles qui arrêtent celui des êtres inférieurs, des êtres purement organiques, renfermés dans une sphère fatalement limitée. S'il s'élève au-dessus d'eux sous ce rapport, il le doit à l'intelligence qui fait de lui un être personnel. La personnalité est le caractère qui le distingue d'eux. Or, la personnalité, c'est la liberté. Tout être personnel est

essentiellement libre ; tout être impersonnel est
à jamais esclave de la nécessité. Le progrès qui,
pour l'homme, a sa racine dans la personnalité
est donc le progrès de la personnalité même
ou de la liberté, et en effet, la loi du progrès, déduite de l'histoire, peut être ainsi expri-
mée et définie : *L'évolution du genre humain
dans la liberté, par le développement simultané
de l'intelligence et de l'amour* (1).

Le développement de l'intelligence a, quant à
l'objet connu d'elle, deux branches correspondantes l'une à l'organisme, l'autre à l'être spirituel : la science et le droit.

La science affranchit l'homme de l'esclavage
de la nature ; le droit l'affranchit de l'esclavage
de l'homme.

Ces deux ordres de développement sont loin
de se produire toujours ensemble, au même degré surtout. Au contraire, ils alternent d'ordinaire par une sorte d'oscillation, qui fait que
chacun d'eux prévaut tour à tour, quant à l'influence qu'il exerce sur la société.

Si la science prévaut, l'homme acquiert sans
doute une puissance plus grande sur la nature ;
mais, en vertu des causes exposées précédemment, cette puissance devient oppressive pour
l'homme ; le droit est étouffé sous la domination

____

(1) Ce que nous nous bornons à indiquer ici
sera traité avec plus d'étendue dans la troisième
partie de l'*Esquisse d'une Philosophie.*

de la force égoïste. C'est ce que nous voyons présentement.

Si c'est le droit qui prévaut, se développe seul, absolu par son essence, il ne peut parvenir à se réaliser, à s'unir aux faits contingents, relatifs, et dépendants dès lors des lois de la nature, dont l'étude est l'objet de la science. On en a un exemple frappant dans les vains efforts des premiers chrétiens pour transporter de l'ordre des idées dans l'ordre pratique le droit tel qu'ils le concevaient, le droit tel qu'aujourd'hui nous le concevons encore, et plus nettement.

Il faut donc que le droit et la science se pénètrent en quelque façon, que le droit introduise dans la science l'élément spirituel de la liberté, de la personnalité, ou la rattache à Dieu en la rattachant à ce par quoi l'homme est semblable à Dieu; et que la science réalise le droit, en réalisant les conditions contingentes et relatives, les conditions matérielles de son existence extérieure et sociale, en un mot qu'elle le revête d'un corps.

Mais le développement de la science et celui du droit, d'où résulte le développement complet de l'intelligence, ne forment qu'une des conditions du progrès. Il en a une seconde également nécessaire, le développement de l'amour : car c'est l'amour qui, subordonnant le droit, lequel est la liberté absolue de chacun, au devoir, qui est la reconnaissance de la liberté de tous et le lien qui unit chacun à tous, rend possible, dans

la sphère morale, la réalisation du droit même;
de sorte que là ou la puissance du devoir, c'est-
à-dire l'amour, s'affaiblit, la liberté de tous et
de chacun diminue proportionnellement, les nécessités de l'existence ramenant aussitôt la force
pure, pour maintenir au moins quelque ordre
matériel dans la société.

Que si maintenant nous recherchons quel est
l'état actuel du peuple, ce qui frappe d'abord,
comme nous l'avons déjà remarqué, c'est le changement survenu dans le droit, c'est le progrès
de la raison publique, qui, relevant peu à peu ce
peuple abaissé au-dessous même de la brute,
l'a, d'esclave qu'il était, proclamé souverain.

Mais cette souveraineté abstraite n'est encore
cependant qu'une fiction. De fait le peuple continue de gémir dans un servage réel (1). L'égalité, la liberté ne sont que de vains mots. On ne
nie spéculativement ni la vérité qu'ils expriment,
ni la nature obligatoire de cette vérité-loi. Elle
n'a toutefois qu'une bien faible action sur la société toujours soumise au droit de la force, toujours constituée uniquement en vue des intérêts
de quelques-uns. La science y prend un accrois-
sement merveilleusement rapide; chaque jour
elle remporte sur la nature des victoires nouvelles; mais, au lieu de tourner au bénéfice de

(1) Voyez à ce sujet l'ouvrage intitulé : *Esclavage moderne*, publié à la suite du présent Ecrit
de Lamennais. (Voir, page 113.)

l'humanité, ces victoires n'ont guère pour effet que d'aggraver ses maux, parce que le principe du juste qui les rendrait profitables à tous, n'existe ni dans les institutions, ni dans les lois, ni dans les mœurs viciées par l'égoïsme. Entre le droit reconnu et l'ordre pratique, effectif, il y a un abîme.

Et c'est que le droit, séparé de Dieu et de toute conception de Dieu, manque et de fondement logique, car il n'en a aucun dans les pures lois de la nature, et de l'efficace intime et puissante que lui prêtent l'autorité de son origine et le caractère de son dogme. C'est, en même temps, que, par son essence, se résolvant dans l'individualisme, il oppose à sa propre réalisation dans la société un invincible obstacle, tant qu'il ne se joint pas au devoir profondément empreint dans la conscience, et ne s'y subordonne pas. Le devoir, en effet, par le dévouement réciproque, par le volontaire sacrifice de soi, par l'amour enfin, unit ce que le droit divise, opère la fusion des individus en leur imprimant une tendance commune, les ordonne entre eux et dans le tout. Or, la raison du devoir ne se trouve pas plus que celle du droit dans les lois de la nature isolées de celles de Dieu. Les lois de la nature ne conduisent qu'à cette exécrable maxime : *Chacun chez soi, chacun pour soi*, maxime qui résume en deux mots la morale de l'*utile* de la force. Donc, sans une foi explicite en Dieu et aux lois de Dieu conçues par l'esprit, sans un dogme qui oblige la volonté et la détermine librement, en d'autres termes, sans religion, nul devoir possible ; l'idée même en est contradictoire. Or, que reste-t-il de religion, de foi dans la société présente ? Qu'on ne s'étonne donc point de la voir, au sein des misères dont elle aspire à secouer le fardeau, se consumer en efforts stériles.

Le problème qu'elle cherche à résoudre, et qui renferme l'avenir du peuple, n'est que le problème perpétuel de l'humanité, savoir, la réalisation de la liberté fondée sur l'égalité de nature.

Après une résistance aussi vive qu'opiniâtre, le droit ainsi conçu a cessé d'être contesté parmi nous. L'égalité et la liberté sont écrites dans les lois ; mais les lois, nous le répétons, ne sont qu'une vaine formule sur presque tous les points en opposition avec les faits. On déclare le peuple libre, et il végète, asservi et souffrant, sous la dure dépendance des hommes et des choses ; des hommes, par la concentration du pouvoir dans les mains de quelques privilégiés ; des choses, par la concentration de la richesse dans les mêmes mains ; de sorte qu'obligé d'obtenir du possesseur de la richesse et du pouvoir ce qui est nécessaire au soutien de sa vie misérable, la faim le repousse dans le servage. Pour achever de s'affranchir, que lui manque-t-il donc ? Ce qui manquait aux plébéiens des premiers temps de Rome, lorsqu'ils eurent conquis les droits personnels, la propriété sans laquelle nulle li-

berté, et la participation réelle au pouvoir, seule
garantie de la propriété et conséquemment de
la liberté.

Ainsi la solution du problème général précédemment posé, a plusieurs conditions nécessaires : l'établissement d'une base dogmatique du
droit, qui, en le rattachant à Dieu, lui imprime
le haut caractère d'une loi éternelle et absolue ;
l'union du droit avec le devoir établi sur une
base semblable, et devenu, par la foi, par son
empire sur la conscience, le régulateur et le mo-
teur efficace des actes; la détermination des
moyens par lesquels le droit peut être matériellement organisé dans la société, ou le concours
de la science économique et politique pour constituer selon le droit la propriété et la garantie de
la propriété.

Avant d'exposer nos idées à se sujet, nous allons discuter sommairement celles qui se sont
produites jusqu'ici, et que l'opinion universelle
semble également repousser, ce qui déjà établit
contre elles un préjugé puissant. Voyons si l'examen le justifie.

CHAPITRE XV

**Des moyens proposés pour résoudre le problème
de l'avenir du peuple.**

Quelque divers que soient les systèmes nés
du besoin d'un ordre social moins imparfait que
l'ordre actuel, ils ont néanmoins un caractère

commun, qui est de briser la tradition humaine, d'être non-seulement en dehors de la loi historique du progrès, mais en opposition directe avec elle; de sorte que, pour qu'ils fussent vrais, il faudrait que les lois de l'homme, et conséquemment les lois de la création eussent changé.

L'histoire, en effet, nous montre l'humanité se développant à mesure que le dogme se développe, ou à mesure qu'elle avance dans la conception de Dieu et de l'univers distinct de lui et uni à lui; de manière qu'à chacune des phases de ce développement dogmatique correspond une notion du droit et du devoir sur laquelle se modèle la société, qui n'en est que l'expression, la réalisation extérieure.

Or, loin de continuer ce mouvement, qui a son point de départ et sa raison unique dans le dogme primordial où sont renfermées toutes les conditions, toutes les lois de l'existence, les systèmes que nous avons à examiner s'en séparent complétement dès l'origine: d'où vient que, dès l'origine aussi, et sans parler, quant à présent, des vices particuliers de chacun d'eux, ils sont tous également frappés d'impuissance.

Les uns (1) nient Dieu, et avec Dieu tout droit, tout devoir, toute loi morale possible, et vont se perdre logiquement dans le fatalisme de la nature,

____

(1) Oweniztes.

dans les ténèbres Cimmériennes de faits qui ne peuvent être conçus ni comme nécessaires, puisqu'ils changent et varient continuellement, ni comme contingents, puisqu'on rejette toute cause en dehors d'eux. Qu'est-ce que l'homme dans ce système? Un je ne sais quoi indéfinissable, un fantôme d'être sans liberté, sans responsabilité, un rouage aveugle d'une machine aveugle.

D'autres (1), au contraire, admettent Dieu et nient la création, qui n'a pour eux qu'une simple existence idéale, et conséquemment ils nient aussi et le droit qui n'aurait aucune application possible, qui ne serait, comme la création même, qu'une chimère, une illusion vaine, et le devoir, qui n'offre aucun sens, puisqu'il n'existe qu'un être éternellement concentré en soi, éternellement seul. C'est encore, sous une autre forme, le fatalisme pur, fatalisme abstrait, substitué au fatalisme physique des matérialistes, dans lequel il tend à retomber.

D'autres (2), sans s'expliquer directement ni sur Dieu, ni sur la création, ni sur leurs rapports réciproques, identifient le droit avec les penchants de l'homme, quels qu'ils soient, les déclarant tous légitimes au même titre, et niant ainsi toute distinction fondamentale du bien et du mal, par conséquent tout devoir : doctrine qui se résout

(1) Saints-Simoniens.
(2) Fouriéristes.

dans le naturalisme et l'individualisme absolu, et qui, sous ce rapport, rentre dans celle des benthamistes, et, en général, des matérialistes, lesquels n'admettent d'autre principe et d'autre règle des actes que l'*utile*, ni d'autre morale que l'intérêt.

D'autres enfin ne se préoccupent d'aucune idée première, d'aucune conception des causes primordiales et nécessaires, plongés uniquement dans les faits qu'ils ne relient à aucune loi, prenant leurs pensées du moment pour la règle absolue des choses, n'établissant aucune doctrine, n'en rejetant aucune non plus en vertu d'un principe contraire, et se plaçant ainsi, en dehors de toute croyance, en dehors du droit, en dehors du devoir, en dehors de l'humanité, non dans la négation, non dans le doute, mais dans le vide intellectuel et moral.

Tous ces systèmes manquent donc des deux premières conditions qu'implique la solution du problème de l'avenir. Au lieu d'établir sur des fondements fermes le droit et le devoir, ils les renversent. Point de base dogmatique par laquelle, se rattachant à Dieu, ils revêtent le haut caractère d'une loi éternelle et absolue.

Il n'existerait même, pour ceux qui professent ces systèmes si étrangement désordonnés, aucun problème à résoudre, s'ils étaient, s'ils pouvaient être conséquents dans leurs propres idées. Mais, dominés à leur insu par le principe traditionnel qui domine la société elle-même, et pressés comme elle de l'instinctif besoin de le réaliser, ils se proposent en effet pour but la réalisation de l'égalité; c'est-à-dire d'un droit qui n'a aucune raison possible dans leurs théories : et, chose remarquable, en empruntant au Christianisme l'idée abstraite et absolue d'égalité, telle qu'elle sort de son dogme purement spirituel, ils demandent à la nature seule les moyens d'opérer cette réalisation, ce qui les jette en un chaos de contradictions sans cesse renaissantes.

Les énumérer toutes serait une tâche presque infinie. Nous nous bornerons à indiquer les principales, sous le double point de vue de l'idée en elle-même et des moyens de l'incarner dans les faits sociaux.

D'abord, l'égalité, en un sens absolu, n'est qu'un simple concept, la base abstraite du droit, le terme idéal d'une tendance et la règle de sa direction, terme en dehors du monde réel, comme l'archétype, l'exemplaire éternel de l'homme. L'égalité réside dans la nature essentiellement une, à laquelle tous participent et qui les fait radicalement ce qu'ils sont. Mais elle n'a pas en tous le même degré de développement: indéfini en soi, ce développement a dans chacun une mesure différente. La nature commune offre donc une inégalité nécessaire dans ses réalisations individuelles; et ce n'est même que par cette inégalité, inévitable résultat des relations diverses, que les individus divers soutiennent avec le monde extérieur, de la place qu'ils occupent dans le temps et l'espace ; c'est, disons-nous, par cette inégalité, uniquement par elle, que la nature humaine essentielle, manifestée, développée sous toutes ses faces, peut atteindre sa fin.

Ainsi, premièrement, ceux qui aspirent à réaliser l'égalité, dans le sens absolu du droit chrétien, donnent à leurs efforts un but chimérique, en contradition avec la nature et ses lois ; et, en second lieu, en cherchant dans la nature seule et dans ses lois les moyens de réaliser l'égalité telle qu'ils la conçoivent, et conséquemment la liberté qui en est l'expression, la forme, ils tombent, par une contradition nouvelle, dans le droit de la force, qui est le droit propre de la nature, droit exclusif de la liberté, par conséquent de l'égalité, exclusif encore du devoir, sans lequel la liberté même, supposé qu'elle pût exister, se réduisant à l'individualisme pur, serait destructive de toute société.

L'esprit se confond et se perd dans ces contradictions qui s'engendrent sans fin l'une l'autre, et nous ne sommes pas au bout.

Il ne faut déjà plus parler des conditions de la vie dans l'ordre intellectuel et moral, des lois suprêmes qui règlent le développement de l'humanité, lequel, dans sa cause immédiate, n'est que la conception progressive de ces lois. Descendons aux faits matériels, et oublions un moment tout le reste. Ce qu'il s'agit de réaliser, c'est la liberté, puisqu'on peut concevoir des êtres égaux en d'autres rapports que ceux d'une liberté réciproque, et que l'égalité, identique avec l'unité de nature, sur laquelle dès lors on ne peut rien, n'est que le fait primitif d'où émane le droit.

Or, ainsi que nous l'avons montré, la liberté dépend de deux conditions inséparablement liées : la propriété et la participation au gouvernement, au pouvoir de législation et à l'administration des affaires communes.

La plupart des systèmes que nous examinons rejettent expressément cette dernière condition. Ils organisent le droit hiérarchiquement, le subordonnent dès lors à un principe antérieur d'inégalité, ou bien, absorbant le droit réel, effectif de chacun dans le droit abstrait de tous, ils incarnent celui-ci dans une puissance dictatoriale absolue, qui ne serait qu'une absolue tyrannie. Tous, sans exception, ont des tendances pareilles, parce que le devoir n'ayant point de raison dans les principes qui leur servent de base, ils excluent, implicitement au moins, tout autre droit que le droit de la force, de quelque manière que cette conséquence inévitable soit voilée. Aussi, très-peu soucieux de la question politique, les sectateurs de ces systèmes tournent-ils leurs efforts, exclusivement presque, vers la solution de ce qu'ils appellent la question sociale, c'est-à-dire la question de la propriété ; et certes nous ne les blâmons pas de s'en préoccuper, car, dans son ordre, il n'en est point de plus importante.

Avant de discuter leurs idées à ce sujet, rappelons, en le développant un peu, ce que déjà nous avons dit de la propriété elle-même.

Point d'existence possible sans la possession de certaines choses indispensables à l'entretien de la vie physique, possession identique avec celle du corps même, qui ne subsiste qu'en s'assimilant, se rendant propres ces choses extérieures à lui. L'homme en cela ne diffère aucunement des autres êtres organiques ; il est comme eux assujetti à la même loi universelle.

De plus, le besoin de ces choses étant permanent, et ces choses elles-mêmes n'étant pas toujours à la portée de ceux qui ne s'en peuvent passer, il devient, en ce cas, nécessaire d'étendre la possession au delà des limites où la restreindraient les simples nécessités du moment : en d'autres termes, la même raison qui fait que la possession est indispensable exige souvent l'accumulation des choses possédées.

La perpétuité des espèces peut exiger encore que la possession accumulée se transmette, et c'est aussi ce qui se voit chez plusieurs espèces d'animaux. Il est clair, en outre, que la possession n'est utile et n'atteint son but, qui est la conservation des êtres, que par l'appropriation des choses possédées aux individus, et toute vraie possession est individuelle.

Ainsi, loi de possession, loi d'accumulation, loi de transmission. loi d'appropriation, ce sont là des lois naturelles, communes à tous

les êtres organiques vivants. Ce qu'elles offrent
de variable selon les espaces tient aux diverses
modifications qu'éprouvent, en chacune d'elles,
les lois générales de la vie. L'abeille et d'autres
insectes accumulent, ainsi que beaucoup de
rongeurs sans quoi ils ne pourraient subsister.
La transmission s'établit d'elle-même chez les
animaux qui vivent en famille. Il se fait, parmi
quelques-uns de ceux qui se réunissent en troupe,
une véritable appropriation du sol. Les ruminants,
à l'état sauvage, ont leurs possessions qu'ils ne
permettent pas à d'autres tribus d'envahir. Quoique solitaires, les oiseaux chasseurs s'attribuent
également un territoire déterminé dont leurs besoins règlent l'étendue, et ils ne souffrent point
qu'on l'usurpe. Nulle créature qui ne possède une
demeure, un gîte, et, sur le rocher nu où il vient
réchauffer ses membres engourdis, le phoque a
sa place au soleil, qu'aucun autre ne lui conteste.

Nulle différence encore, à l'égard de ces lois,
entre l'homme et les animaux; mais montez de
l'être physique à l'être intelligent, et il en va
naître une immense. Le droit s'unit au fait, la
nécessité devient la justice; la possession, la propriété. Mais on ne doit pas s'imaginer que les
lois de la propriété, les lois que détermine le
droit, que consacre l'idée de justice, détruisent
les lois de la possession ou les lois de la nature,
lois immuables, parce qu'elles ne sont que les
conditions mêmes de l'existence des êtres dans
l'ordre des réalités finies. Le droit, c'est la rai-

son même de ces lois conçues par l'esprit dans leur essence éternelle et divine, le fondement de l'obligation d'y conformer les actes libres. Et comme les conditions de l'existence impliquent à la fois celles de la conservation des individus considérés isolément, et celles de la conservation du tout dont ils font partie, que la propriété se résout dans la possession, qui se résout elle-même dans l'individualité, le droit aussi implique le devoir essentiellement relatif à tout, et il implique encore la science ou la connaissance des lois propres de la création ; car, absolu en soi, si la science ne déterminait pas les conditions, pour ainsi parler, organiques de son incarnation dans le monde extérieur des faits contingents, sa réalisation serait impossible.

De ce qui précède, il résulte que la propriété ou la possession jointe au droit, conçue sous la notion de droit, dépend des mêmes lois fondamentales que la simple possession, laquelle est une condition strictement rigoureuse de l'existence de tous les êtres doués de vie ; et que, dès lors, la propriété est :

Premièrement, appropriable ; et, en effet, l'appropriation n'est que l'attribution de la propriété même. Or, sans attribution, que serait-elle ? un pur non-sens. Se figure-t-on une propriété et point de propriétaire ? un objet, une chose qui tout ensemble appartienne à quelqu'un, sans quoi elle ne sera't pas propriété et n'appartienne à personne, sans quoi elle serait appropriée ? Qui ne voit que l'appropriation, dont on a nié de notre temps la légitimité, représente, dans le développement social, l'individualisation progressive des possessions, à raison de l'individualisation progressive des personnes, ou la croissance de la liberté ?

Secondement, accumulable ; autrement elle n'atteindrait pas son but, qui est la conservation des êtres, ou ne l'atteindrait qu'imparfaitement.

Troisièmement, permanente ; car sa nécessité l'est ; elle l'est pour l'individu tandis qu'il subsiste : elle l'est indéfiniment pour la famille dont la durée est indéfinie, et l'on a vu (1) que la famille est une des conditions indispensables de l'existence de l'individu et de celle du genre humain même dont elle assure la perpétuité.

Quatrièmement, transmissible, puisqu'elle est permanente dans ses rapports avec la famille, et aussi pour qu'elle puisse varier dans son appropriation selon les besoins variables auxquels il doit être satisfait conformément au droit et au devoir, c'est-à-dire aux droits de la justice et de l'amour fraternel.

Le besoin, en effet, règle généralement la passion chez les animaux : elle devrait être également réglée pour l'homme par ses propres besoins et par ceux d'autrui. Mais l'homme libre viole la loi à laquelle l'animal obéit fatalement.

(1) Chapitre iv.

De là les abus de la propriété; et c'est pourquoi il est nécessaire qu'en respectant le droit individuel, la société le contienne dans ses vraies limites, afin qu'il demeure droit ou ne se détruise pas lui-même par son opposition aux lois mêmes qui en sont le fondement.

Mais, loin de maintenir l'exacte observation du droit, la société, à raison des causes expliquées dans le cours de cet ouvrage, en a, au contraire, toujours consacré la violation à quelque degré, non par la volonté expresse de le violer, mais par une suite inévitable de l'ignorance partielle du droit même. Contrainte, pour ainsi parler, de suivre le dogme dans les phases successives de son évolution, l'humanité a dû passer par tous les états intermédiaires entre le droit absolu de la force, sous l'empire duquel l'homme, dépouillé de sa personnalité, était propriété de l'homme, et le droit également absolu fondé sur l'unité de nature, d'après lequel ce même homme rentrant en possession de lui-même, acquiert tout ensemble et la liberté et la propriété, condition essentielle de la liberté.

Mais cet affranchissement, fruit du développement successif du dogme, ne s'opère non plus que graduellement, et il s'en faut de beaucoup qu'on en ait atteint le terme, même chez les peuples les plus avancés. Ainsi, parmi eux, après l'esclavage est venu le prolétariat, et c'est l'extinction du prolétariat qu'il s'agit maintenant d'effectuer; en d'autres termes,

chrétien d'égalité et de liberté, que, par une
invincible impulsion de la raison et de la conscience, on tend, de nos jours, à réaliser pour
tous les hommes sans exception.

Le prolétariat diffère de l'esclavage en ce que
le prolétaire, libre de droit, est une vraie personne, indépendante de toute autre sous ce rapport abstrait : il se confond avec l'esclavage, en
ce que la condition matérielle de la liberté ou la
propriété manque presque également au prolétaire et à l'esclave.

Déterminer les moyens par lesquels le prolétaire pourra parvenir à se créer la propriété qui
lui manque et à compléter de la sorte son affranchissement, tel est donc finalement, dans
l'ordre extérieur, le problème à résoudre ; et ce
n'est pas seulement la raison pure avec sa logique rigoureuse, c'est l'histoire tout entière qui le
pose ainsi, comme nous l'avons montré.

Comprend-on que quelques-uns aient cru sé-
rieusement le résoudre en proposant l'abolition
absolue de la propriété ? Ce n'est pas là, certes,
un des phénomènes les moins extraordinaires
de notre siècle.

Mais, sans demander nettement, formellement
l'abolition de la propriété, on peut également la
détruire en repoussant l'appropriation, qui de
fait en est inséparable. Et ceci nous conduit à
examiner les deux systèmes connus sous le nom
de communisme et de socialisme.

Le premier se résout dans le second par la

nécessité d'organiser la communauté même, de diriger les travaux de chacun et de tous de manière qu'ils soient en harmonie avec les besoins, de les coordonner à un plan général, et d'en distribuer les produits d'après une règle convenue; ce qui implique une hiérarchie de fonctions et conséquemment de fonctionnaires. Le socialisme d'une autre part, se résout dans le communisme, puisque chacun individuellement n'a droit qu'à ce que la société lui attribue. Elle l'emploie selon sa capacité, et le rétribue selon ses œuvres, dont elle seule est juge.

Il est clair d'abord que dans ces deux systèmes tellement connexes qu'ils n'en font qu'un, la propriété n'existe que de nom, elle se réduit quant à l'individu, ravalé dès lors au niveau de l'animal, à la simple possession, et encore à une possession non transmissible, non accumulable, et par conséquent hors de nature et de ses lois, à moins que l'on ne descende au-dessous des animaux mêmes.

Passons toutefois; souvenons-nous seulement que la propriété étant la condition nécessaire de la liberté, le problème à résoudre, le problème de l'affranchissement réel et complet du prolétaire, consiste dans la détermination des moyens par lesquels il pourra parvenir à se créer une propriété.

Pour que la liberté soit individuelle, et la liberté est individuelle, ou elle n'est pas, il faut donc que la propriété, selon son essence soit, individuelle aussi. Or, la propriété individuelle peut rencontrer deux obstacles divers : sa formation peut être empêchée soit par l'extension abusive de la propriété individuelle elle-même, qui, rencontrant aux mains de quelques-uns la matière de la propriété, ne laisse plus rien qui puisse être la propriété des autres; soit par l'extrême degré de cet abus même, qui concentre dans les mains de l'Etat la propriété tout entière.

Or, c'est précisément là ce que font le communisme et le socialisme. La concentration absolue de la propriété entre les mains de l'Etat est le moyen qu'ils proposent pour abolir le prolétariat et affranchir le prolétaire; de sorte que, réduits à leurs termes les plus généraux, le problème à résoudre et la solution qu'en donnent ces deux systèmes peuvent être exprimés ainsi :

Problème : Trouver une organisation où tout le monde soit propriétaire.

Solution : Etablir une organisation où nul ne soit propriétaire.

Ou bien :

Problème : Réaliser les conditions de la liberté universelle.

Solution : Constituer la base d'un esclavage universel.

Mais passons encore.

Voilà l'Etat seul propriétaire. Mais qu'est-ce que l'Etat? Un être d'abstraction, à moins que par l'Etat on n'entende les chefs de l'Etat, et bien évidemment ce seront ceux-ci qui auront

de fait la disposition de la propriété commune,
la disposition non-seulement des choses, mais
aussi des personnes, pour que la production
nécessaire soit assurée. Or, soit qu'établis à la
manière des antiques sacerdoces, ils ne relèvent
que d'eux-mêmes, soit qu'on les suppose élus,
toujours est-il qu'aussi longtemps qu'ils possé-
deront le pouvoir, ils seront à l'égard des gou-
vernés dans la position du maître ancien, ou du
colon de nos jours à l'égard de ceux qui, placés
sous son commandement, dépendent de lui quant
à leur travail et à la rétribution de leur travail,
font ce qu'on leur ordonne, reçoivent ce qu'on
leur alloue, sans débat aucun, avec une passive
et muette soumission. Or, qu'est-ce que cela, sinon l'esclavage? Donc toujours l'esclavage. On y
retombe à chaque pas : il est le système tout
entier.

Notez bien que nous le prenons sans contes-
ter, tel qu'on nous le présente, admettant que
l'institution marchera régulièrement comme on
l'a conçue. Mais, de bonne foi, croit-on que des
êtres humains, en possession d'un pareil pouvoir, d'un pouvoir qui leur livre tout, personnes et choses, n'en useront que suivant la justice, s'oubliant eux-mêmes, pour ne songer qu'au
bien de tous? que, plus puissants qu'aucun souverain ne le fut jamais chez les peuples les plus
asservis, leur puissance sera une garantie contre les abus de leur puissance même? qu'ils ne
la tourneront point à leur avantage personnel,

ne voudront point l'immobiliser dans leurs mains et la perpétuer dans leur race ? que, de maîtres, ils consentiront à devenir esclaves à leur tour? Vraiment, ce serait avoir une haute idée de leur vertu, et que justifie merveilleusement l'expérience. Rêveurs! comment ne voyez-vous pas que vous allez tout droit au rétablissement des castes? Encore la société serait-elle trop heureuse de s'arrêter là, car votre système, pleinement réalisé, la ferait descendre bien au-dessous.

Quoi qu'il en soit, ce système s'établit, on le suppose. Aussitôt naît une nouvelle question sur laquelle socialistes et communistes se divisent entre eux. La répartition des produits du travail ou de la richesse commune se fera-t-elle selon le principe d'une égalité absolue, ou dans une proportion inégale déterminée pour chacun d'après sa capacité et d'après ses œuvres ?

Dans cette dernière hypothèse, on change la base primitivement admise du droit ; il ne repose plus sur l'unité de la nature ; on le transporte de l'ordre spirituel dans l'ordre matériel : car les différences de capacité dérivent des différences d'organisation, et, à capacité égale, les différences des œuvres dérivent des différences des forces, c'est-à-dire encore des différences d'organisation. De plus, l'appréciation des différences de capacité est à peu près purement arbitraire. Car comment apprécier avec certitude les degrés de capacité, et la supériorité relative des capacités diverses? Comment, dès

lors, classer équitablement les hommes d'après
cette capacité, qui n'a aucune mesure certaine?

Donc, pour base de la société le fatalisme de
la matière et le droit de la force qui en découle,
pour règle l'arbitraire, et pour conséquence la
destruction radicale de toute liberté, le double
esclavage de la nature et de l'homme.

Se replace-t-on, au contraire, dans le principe
d'égalité absolue, les lois de la nature opposent
un obstacle invincible à sa réalisation, et les efforts par lesquels on tente de surmonter cet obstacle conduisent à l'abolition du droit même ou
à l'abolition de la liberté, qui en est l'expression
directe, nécessaire ; parce qu'en lutte contre la
nature, on est obligé de la combattre par ce qui
seul a action sur elle, la force physique, la force
aveugle et fatale. Aussi, parmi ceux qui se proposent ce but d'égalité rigoureuse, absolue, les
plus conséquents concluent-ils, pour l'établir et
pour la maintenir, à l'emploi de la force, au despotisme, à la dictature, sous une forme ou une
autre forme.

Pour que l'égalité des biens fût possible, il
faudrait qu'une pareille égalité existât dans tout
le reste. Car eût-on réussi à la réaliser un moment, le moment d'après elle ne subsisterait
plus : elle formerait un équilibre instable altéré
sans cesse par les inégalités naturelles.

C'est pourquoi les partisans de l'égalité absolue sont d'abord contraints d'attaquer les
inégalités naturelles, afin de les atténuer, de les

détruire s'il était possible, ce qui, pour l'observer en passant, serait détruire la société même
en détruisant la variété des aptitudes et des
penchants. Ne pouvant rien sur les conditions
premières d'organisation et de développement,
leur œuvre commence à l'instant où l'homme
tuaît, où l'enfant sort du sein de sa mère. L'État
alors s'en empare pour le placer en des condi-
ions de développement intellectuel, moral et
physique, égales pour tous, ce qui l'oblige à le
soustraire à toute autre influence que la sienne,
et conséquemment à déterminer les doctrines
qui devront être enseignées exclusivement : les
notions du Vrai et du Bien, la Religion, le droit,
le devoir, la science. Le voilà donc maître absolu
de l'être spirituel comme de l'être organique.
L'intelligence et la conscience, tout dépend de
lui, tout lui est soumis. Plus de famille, plus de
paternité, plus de mariage dès lors. Un mâle,
une femelle, des petits, que l'État manipule,
dont il fait ce qu'il veut moralement, physique-
ment; une servitude universelle et si profonde
que rien n'y échappe, qu'elle pénètre jusqu'à
l'âme même.

Les socialistes, qui rejettent cette égalité absolue, n'en sont pas moins conduits aux mêmes
conséquences pour conserver, au sein de leur
hiérarchie arbitraire, une apparence de droit
égal, et surtout parce qu'étant chargés directement de pourvoir à toutes les nécessités sociales,
de quelque ordre qu'elles soient, il faut bien que

le pouvoir, en chacun de ces ordres, exerce une autorité souveraine.

En ce qui touche les choses matérielles, l'égalité ne saurait s'établir d'une manière tant soit peu durable par le simple partage. S'il s'agit de la terre seule, on conçoit qu'elle puisse être divisée en autant de portions qu'il y a d'individus; mais le nombre des individus variant perpétuellement, il faudrait aussi perpétuellement changer cette division primitive, qui ne détruirait d'ailleurs, en aucune manière, l'inégalité puisqu'elle laisserait subsister celle des produits sur une égale étendue de sol de qualité égale, en raison de la différence d'industrie et de circonstances fortuites. En outre, la possession ayant pour condition le travail, chacun dès lors étant obligé de cultiver sa terre, plus de métiers, plus d'arts, par conséquent plus de culture même, la mort totale de la société et l'extinction de toute vie.

Que si, comme le principe y force, on étend la division égale à tous les genres de propriétés, qu'on veuille établir et maintenir l'égalité réelle des fortunes, la défendre contre l'action de tout ce qui tend à l'altérer, la production individuelle plus grande la consommation moindre, l'accumulation, l'épargne, etc., on retombe inévitablement dans une organisation sociale, telle que toute propriété individuelle étant abolie, il n'existe plus d'autre propriétaire, ou d'autre *possesseur de droit*, que l'État, lequel prescrit à chaque individu un travail *égal*, quoique divers, et attribue à chacun une portion *égale* des fruits, quels qu'ils soient, du travail commun; veillant, du reste, pour que l'égalité ne soit pas détruite, à ce qu'il ne se fasse aucune épargne, aucune accumulation, aucun échange même entaché d'inégalité.

Or, ce mode de possession, s'il est volontaire, est celui du moine astreint par ses vœux à la pauvreté comme à l'obéissance; encore, dans les ordres même les plus sévères, lui permet-on un petit pécule dont il peut disposer à son gré. S'il n'est pas volontaire, c'est celui de l'esclave, là où rien ne modifie la rigueur de sa condition; nous disons trop peu, c'est celui de la bête de somme, qui, après avoir accompli la tâche imposée par le maître, reçoit à l'étable la ration qu'il lui a destinée. Tous les liens de l'humanité, les relations sympathiques, le dévouement mutuel, l'échange des services, le libre don de soi, tout ce qui a fait le charme de la vie et sa grandeur, tout, tout a disparu sans retour. Si ce chapitre n'était déjà trop étendu, peut-être nous montrerions que le système économique des fouriéristes, à quelques idées pratiques près, qui pour le fond ne leur sont même pas propres, n'apporte aucun changement à l'ordre présent des choses, en laisse subsister tous les vices, n'est enfin, sous une forme plus voilée, que le mal même dont on cherche le remède; et que, d'ailleurs, en contradiction avec les lois supérieures, les lois morales de la nature humaine, il renferme de nombreuses et radicales impossibilités.

Conclusion : les moyens proposés jusqu'ici pour résoudre le problème de l'avenir du peuple aboutissent à la négation de toutes les conditions indispensables de l'existence, détruisent, soit directement, soit implicitement, le devoir, le droit, le mariage, la famille, et ne produiraient, s'ils pouvaient être appliqués à la société, au lieu de la liberté dans laquelle se résume tout progrès réel, qu'une servitude à laquelle l'histoire, si haut qu'on remonte dans le passé, n'offre rien de comparable.

CHAPITRE XVI

Comment s'effectuera le changement qui doit s'opérer dans l'état actuel du peuple.

Prolétaires, hommes du peuple, vous avez à compléter votre affranchissement, à réaliser le droit fondé sur l'égalité de nature, et pour cela il fallait premièrement que vous comprissiez qu'avec un désir très-sincère de vous diriger vers ce but où vous devez tendre incessamment, on pouvait, trompé par de fausses lueurs, vous en éloigner au contraire et vous engager en des voies funestes.

Il vous est nécessaire de comprendre encore que l'état meilleur auquel vous aspirez et auquel Dieu lui-même vous commande d'aspirer, ne se produira point par un changement soudain,

mais, comme toutes choses dans l'univers, par
un développement continu, par un constant travail, un travail de chaque jour, dont chaque
jour aussi vous recueillerez les fruits, qui seront
comme le germe de nouveaux fruits de plus en
plus abondants. Lorsqu'on jette une semence
dans un champ préparé pour la recevoir, cette
semence donne une première moisson, qui, res-
semée avec le même soin, donne une autre moisson dix fois, vingt fois plus ample. Ainsi en sera-
t-il des semences de bien que vous confierez au
champ pour vous stérile maintenant que vous
labourez et où d'autres récoltent. Ne vous lassez
point, ne vous découragez point par trop d'im-
patience : on ne fait rien qu'à l'aide du temps.
Et sachez aussi, et n'oubliez jamais qu'il y a
toujours dans la vie présente et à combattre et
à souffrir, parce que le terme de nos désirs in-
finis n'y est pas, parce que nous avons à y remplir une fonction grande, mais laborieuse, que
nous ne vivons pas simplement pour vivre, mais
pour accomplir une tâche sainte. Associés à
l'action de Dieu dans l'éternelle production de
son œuvre, nous avons, comme lui, un monde
à créer.

Étant posé le fait primitif de l'unité de nature et de l'égalité qu'elle implique, il en sort
un droit, la liberté, et c'est la liberté que vous
avez à réaliser, car elle n'est que l'égalité même,
non plus seulement abstraite, mais effective,
mais vivante, pour ainsi parler. Conçoit-on des

êtres égaux qui ne seraient pas réciproquement libres? Conçoit-on qu'un homme fût tout ensemble l'égal d'un autre homme et dépendant de lui?

Mais la puissance du droit réside tout entière dans le dogme, qui, lui prêtant celle d'une loi première et nécessaire, le justifie à la raison, en même temps qu'il le divinise en le rattachant à Dieu; et, en effet, tout droit qui ne remonte pas jusqu'à Dieu, qui n'a pas sa racine en Dieu, dans les lois essentielles, éternelles du souverain Être, n'est qu'un droit chimérique, une ombre sans substance, une illusion de l'esprit. C'est pourquoi la Religion, c'est-à-dire la connaissance du dogme ou des lois nécessaires de l'Être absolu et des êtres créés, et la foi au dogme est une condition indispensable de la réalsation du droit. Comment le réaliserait-on sans y croire? Et comment y croirait-on fermement, constamment, sans raison d'y croire? Aussi partout, dans tous les siècles, le dogme a-t-il déterminé, suivant le progrès de l'intelligence, la notion du droit et son application à la société.

Mais la Religion, le dogme, ce n'est pas seulement le droit et la raison du droit, c'est encore le devoir et la raison du devoir, et sans le devoir, qui se résume dans le dévouement mutuel, le sacrifice de soi, la fraternité, comme le droit se résume dans la liberté, la liberté même deviendrait tout ensemble et un principe de tyrannie, puisque chacun n'ayant d'autre règle que son droit n'en aurait pas d'autre que ses convoitises et sa force, et un principe de dissolution universelle, irrémédiable, puisque les hommes, sans lien aucun, seraient à jamais concentrés dans l'individualisme pur ou dans l'égoïsme absolu.

D'ailleurs, le travail qu'implique la réalisation du droit devant, pour produire ses fruits, se continuer sans cesse, se prolonger de génération en génération, si chacun ne songeait qu'à soi, se renfermait dans le cercle étroit de sa propre existence, de son propre intérêt, rien ne changerait dans la société, le mal y resterait le même, il serait éternel. S'efforcer de s'y soustraire individuellement, ce serait s'efforcer d'en rejeter le poids sur autrui, de rendre sa condition pire, seul moyen de s'en faire à soi-même une meilleure; et l'oppression qui, dans tous les temps, a pesé à des degrés divers sur la race humaine, n'a pas d'autre source.

De plus, lorsqu'il s'agit, soit de lutter contre des abus organisés, profitables à des classes entières, unies dès lors pour les défendre et les perpétuer, soit d'accomplir une œuvre féconde, l'individu est impuissant; il lui faut un appui, de l'aide; il faut, en un mot, que plusieurs se concertent, s'associent pour agir en commun.

Or, premièrement, qui dit association dit liberté, liberté de chaque associé à l'égard des autres, liberté de tous à l'égard du pouvoir public. Y a-t-il association entre le bœuf et celui qui l'attelle à la charrue? Et qu'importe que celui qui attelle s'appelle *Pierre* ou s'appelle l'*État?* Mais, secondement, aucune association libre n'est possible sans un lien moral, si chacun ne se croit, ne se sent obligé envers autrui, si tous n'ont pas ce sentiment, cette croyance intime d'où résulte, avec la sécurité mutuelle, l'unité. Point donc d'association libre, point d'action efficace pour combattre le mal, réaliser le bien, sans le devoir et la foi au devoir.

Rappelons-nous maintenant que le problème de l'extinction du prolétariat ou de l'avenir du peuple se résume en celui-ci : Les conditions morales, c'est-à-dire la connaissance du droit et du devoir, la foi au droit et au devoir existant, réaliser, pour le prolétaire, celles des conditions de la liberté qui lui manquent encore.

Or, les conditions qui lui manquent, toujours la foi religieuse étant supposée, sont, d'une part, la condition politique de la participation au gouvernement, à l'administration des affaires communes, et la condition matérielle de la propriété.

De la participation au gouvernement, ou de la jouissance des droits de citoyen, dépend, en premier lieu, sa liberté personnelle : car, comment serait-il libre, si d'autres font, sans son concours, les lois auxquelles il doit obéir, quelque oppressives qu'elles soient pour lui (1); si, dé-

____

(1) Voir plus loin l'*Esclavage moderne.*

pourvu de volonté, soumis à la leur passive-
ment, ils disposent de lui avec une puissance
suprême ? N'est-ce pas là le pur esclavage ?
N'est-ce pas, dans une société qui proclame
l'égalité de ses membres, leur indivisible souveraineté, la négation complète, non-seulement
de cette souveraineté, non-seulement de l'égalité, mais de la personnalité même en ceux qui
ne sont pour cette société que des instruments
de travail, en ceux qu'elle réduit politiquement
à l'état de machines aveugles?

En second lieu, les détenteurs du pouvoir
politique n'ayant pu avoir, en s'en réservant
l'exclusive possession, d'autre motif que d'en
user pour leur intérêt, tel qu'ils le conçoivent
faussement, sottement, comme opposé à l'intérêt
général, leurs lois, dirigées vers cette fin, oppo-
seront toujours un insurmontable obstacle à la
réalisation de la condition matérielle de la liberté
au profit des classes maintenant asservies, et
tendront, au contraire, à concentrer de plus en
plus la richesse produite dans les mains des
privilégiés.

Prolétaires, hommes du peuple, unissez-vous
donc pour conquérir d'abord le complément de
vos droits personnels, le droit politique qu'on
vous refuse, parce qu'on sait qu'avec celui-là
vous seriez bientôt en possession des autres,
parce que, participant à la confection de la loi,
la loi ne serait plus exclusivement faite en faveur
du petit nombre, au détriment de tout le reste.

Et puisque vos maîtres ne vous ont laissé d'autre moyen légal d'action que celui qui résulte du droit de pétition consacré par la Charte, signez des pétitions, multipliez les pétitions, étouffez sous leur masse la tyrannie dont vous souffrez.

Quand vous l'aurez vaincue, et vous la vaincrez, sans aucun doute, si vous agissez avec concert et persévérance, il ne vous manquera plus qu'une condition de la liberté, la propriété. Vous avez vu, en effet, dans la suite des âges, la propriété se développer à mesure que se développait la liberté, y mettre le dernier sceau, l'incarner, pour parler de la sorte, la transporter de l'ordre abstrait du droit dans l'ombre des réalités effectives : et comme la liberté se résout dans l'individualité, que nul n'est libre s'il n'est individuellement libre, la propriété se résout dans l'individualité ; elle est individuelle, ou n'est point (1). Nous l'avons, croyons-nous, clairement prouvé en discutant le système des socialistes et des communistes.

Il s'agit donc, encore un coup, de savoir par quelles voies vous pourrez parvenir à vous créer

______

(1) Il est à peine nécessaire d'observer que les propriétés à titre collectif ne sont, ou comme celles de l'Etat, qu'une réserve permanente pour pourvoir aux dépenses communes, ou, comme celles des sociétés commerciales, que des mises de fonds effectuées en vue de profits qui se convertissent par le partage en propriétés individuelles.

une propriété. Or, quiconque est privé de toute propriété ne peut évidemment s'en créer une que par son travail. C'est donc par votre travail qu'il vous sera possible d'acquérir le complément de votre liberté.

Le travail, en effet, est indispensable à la production de la richesse. Que tout travail fût suspendu seulement deux années, que resterait-il de la richesse actuellement existante? Rien, ou presque rien. La terre, stérile pour l'homme, lui refuserait la subsistance, et tout ce qui sert à l'entretien et aux commodités de la vie étant consommé, la misère serait plus profonde que ne l'est celle des sauvages abaissés au dernier degré de l'échelle humaine. C'est donc vous qui reproduisez journellement la richesse, dont bientôt sans cela l'on chercherait en vain quelque trace. La vraie cause du mal est donc beaucoup moins dans la mauvaise distribution de la richesse déjà produite, que dans la répartition vicieuse de la richesse reproduite journellement. Or, cette répartition vicieuse, progressivement améliorée, deviendra de plus en plus équitable, sitôt qu'ayant conquis la pleine jouissance de vos droits personnels et de vos droits politiques, vous concourrez, avec un esprit de justice et de sagesse, à la confection de la loi. Car alors ce ne sera plus le travail qui dépendra de la propriété, mais la propriété qui, selon l'ordre naturel des choses, dépendra du travail; et c'est pourquoi nous avons

dit (1) : « Le travail affranchi, maître de soi,
« maître du monde. »

Mais qu'est-ce que le travail affranchi, maître
de soi ?

C'est le travail dégagé des entraves qui maintenant le rendent plus ou moins improductif
pour le travailleur.

Et premièrement, entraves légales. Les lois,
en effet, les lois telles surtout qu'elles sont ap-
pliquées, ne permettent pas aux travailleurs de
débattre librement leurs intérêts avec les ache-
teurs de travail ; elles les livrent à ceux-ci, elles
les constituent à leur égard en un véritable
état de servage (2).

Or, ces lois oppressives peuvent être abolies
en un quart d'heure. Les chaînes qu'a formées
l'égoïsme se briseront d'elles-mêmes dès que le
peuple souverain les touchera du doigt.

Secondement, entraves intellectuelles. Le travail a deux éléments, la force physique, la force
brute, et l'intelligence qui la dirige. Plus l'intelligence est développée et l'instruction acquise
étendue, plus le travail est productif. Or, l'instruction manque au travailleur, et à cet égard
encore il est de fait dans un état de servage. Il
en sortira par l'institution d'un vaste enseigne-

(1) *Le Livre du Peuple*, t. XCII de la *Bibliothèque nationale*.

(2) Voyez l'*Esclavage moderne*.

ment gratuit, qui devra comprendre l'instruction générale et l'instruction professionnelle.

Troisièmement, entraves matérielles. Le travailleur, légalement libre et possédant la mesure d'instruction que sa capacité native lui aurait permis d'acquérir, ne serait pas affranchi pour cela; il ne serait pas maître de soi, de son travail, si la matière à laquelle il faut qu'i applique son travail, l'instrument qui le rend possible, si le capital enfin ne lui était pas directement accessible.

Quiconque peut fournir une valeur, un gage, une hypothèque réelle, trouve aisément un capital équivalent, ou à peu près. Mais cette hypothèque, ce gage, comment le travailleur le fournira-t-il? Il n'a, nous le répétons, que son travail, son travail futur. Point de capital donc pour le travailleur, à moins que le travail futur, acquérant une valeur vénale, ne devienne échangeable contre le capital, ou ne devienne un gage, une hypothèque réelle.

Or, nous le disons avec assurance, après de longues et mûres réflexions, rien de plus facile en soi, quand on le voudra véritablement. On peut même atteindre ce but par des combinaisons diverses qui, sans porter le plus léger trouble dans ce qui est, sans inquiéter en aucune manière la propriété acquise, qu'il importe, au contraire, de préserver de tout ébranlement, parce qu'elle est le capital même, offriraient un moyen progressivement plus efficace de soulager la pauvreté et les misères accidentelles qui, quoi qu'on fasse, subsisteront toujours, mais toujours aussi moins nombreuses. Toutefois aucun de ces biens ne peut être obtenu que par l'association. Elle est la base indispensable de toute amélioration possible. On sent, au reste, que nous ne saurions entrer ici dans aucuns détails. Ce n'est pas l'objet de cet écrit, où nous nous sommes proposé uniquement de déterminer les conditions générales de la solution du problème de l'avenir du peuple.

La société lui doit la liberté légale, l'instruction nécessaire au développement de l'intelligence, l'aliment de l'esprit, le capital qui lui assurera réellement et non fictivement la propriété de son travail. Voilà ce qu'elle doit, ce qu'elle peut lui donner; mais elle ne peut que cela. Le reste dépend du peuple lui-même, de lui seul. Des moyens d'instruction ne sont pas l'instruction, il faut qu'il l'acquière par un labeur continu, incessant. Un capital sans l'expérience, les connaissances variées qu'en nécessite rigoureusement l'emploi, que produirait-il? à qui profiterait-il? Infécond entre les mains inhabiles auxquelles on l'aurait imprudemment confié, il périrait bien vite sans fruit pour personne. Le bien voulu, le bien qui, certes, s'accomplira malgré les résistances égoïstes, ne s'accomplira donc qu'à l'aide du temps, par un mouvement graduel, qui est celui du progrès en toutes choses, et le mouvement même de la vie, son expansion dans l'univers.

Prolétaires, hommes du peuple, gardez-vous des systèmes trompeurs qui vous détourneraient des voies naturelles, providentielles, divines : loin de soulager vos maux, ils les aggraveraient, ils creuseraient pour vous dans l'avenir un abîme plus profond de souffrances et de misères. On ne lutte point sans douleur contre la nature et contre Dien, et toute loi violée renferme en soi la punition inévitable de sa violation même.

Prolétaires, hommes du peuple, souvenez-vous aussi, souvenez-vous surtout que, séparé du devoir, le droit inerte, et mort, ne sera jamais qu'une idée stérile, ne s'incarnera jamais dans l'ordre social ; que si l'égalité implique la liberté, qui en est inséparable, la liberté n'implique pas moins le mutuel dévouement, la fraternité n'en est pas moins inséparable ; et que la fraternité comme la liberté et l'égalité, l'égalité et la liberté comme la fraternité, ne sont que de vains mots si l'âme tout entière ne les embrasse par une foi puissante, si elles n'ont pour elles le caractère saint d'un dogme éternel, d'une loi absolue.

Prolétaires, hommes du peuple, croyez donc si vous voulez vivre, croyez, et VOTRE FOI VOUS SAUVERA.

DE

L'ESCLAVAGE MODERNE

PREFACE

Plusieurs tirages de ce petit écrit ayant été promptement épuisés, une nouvelle édition est devenue nécessaire. Qu'on nous permette d'y joindre quelques courtes réflexions.

Notre dessein n'est pas de raconter ce qu'on a fait de la révolution de Juillet, et de retracer, même sommairement, l'histoire de cette honteuse période. Le système du gouvernement, pendant ces dix années, peut se résumer en deux mots : se faire à tout prix accepter de l'Europe monarchique, et pour cela soumettre la politique extérieure de la France à celle des puissances étrangères, c'est-à-dire sacrifier ses intérêts à leur intérêt ; attaquer et détruire progressivement à l'intérieur les libertés publiques, odieuses à ces mêmes puissances, et établir ainsi entre elles et la dynastie du 7 août une communauté de principes qui les rende mutuellement solidaires.

Le premier point vient d'être expressément avoué par les publicistes de la cour, car on se croit assez fort pour n'avoir plus besoin de dissimuler la trahison même. Les preuves du second se trouvent partout, dans les lois, dans les actes de l'administration, dans les greffes mêmes des tribunaux ordinaires et exceptionnels. En fait de tendances antinationales, d'attentats hardiment contre-révolutionnaires, ce qu'on reprochait si justement à la Restauration n'est rien près de ce qu'on a vu depuis, près de ce que nous voyons tous les jours.

Il a fallu du temps, beaucoup de temps, pour que le pays pût croire à des projets d'abord hypocritement voilés, désavoués en paroles et activement poursuivis dans l'ombre, à la coupable résolution de transformer, sous des apprences mensongères de garanties constitutionnelles, un gouvernement libre en un gouvernement absolu, de ravir à la société ses conquêtes, de la faire reculer un demi-siècle de plus.

Deux choses ont contribué principalement à prolonger l'illusion à cet égard :

Une opposition turbulente qui, en inquiétant sur ses intérêts matériels une partie nombreuse de la population, a permis au pouvoir de s'en présenter comme le protecteur et d'écarter de la sorte les résistances qu'auraient sans cela rencontrées ses usurpations ;

Une confiance aveugle dans la vigilance et le patriotisme des corps institués pour défendre le sacré dépôt des droits de la nation.

Il était naturel qu'au sortir d'une crise qui avait ébranlé tant d'existences, on s'effrayât de certaines tentatives violentes dont on ne concevait nettement ni la nécessité ni le but, et auxquelles même le pouvoir,s'aidant de quelques folles exagérations, souvent provoquées par lui, prêtait un but de désordre directement voulu et d'anarchie systématique.

Il était naturel encore que le pays se reposât sur ses mandataires du soin de conserver et d'achever l'édifice constitutionnel, d'arrêter le pouvoir dans ses voies rétrogades et de le pousser dans celles du progrès.

Mais, lorsque l'effervescence excessive et les mouvements irréguliers se sont apaisés enfin, sans que rien ait changé dans le système du gouvernement à l'intérieur ni à l'extérieur ; lorsqu'on l'a vu, au contraire, trahir, humilier, dégrader de plus en plus la France au dehors, l'asservir au dedans de plus en plus, marcher la tête haute vers un absolutisme sans limites et sans frein, avec la connivence des grands corps de l'Etat, la connivence de la Chambre des pairs devenue entre ses mains une simple machine à enregistrement et à jugements, la connivence de la Chambre élective assouplie à ses volontés par la corruption : alors le pays, se réveillant sur le bord de la contre-révolution imminente, a compris qu'on l'avait trompé et qu'il s'était trompé : qu'il lui fallait ou, perdant le fruit de cinquante ans d'efforts, être effacé à jamais peut-être du rang des peuples libres, c'est-à-dire périr en tant que peuple, ou se sauver lui-même : alors a commencé le solennel mouvement qui se propage de cité en cité, de hameau en hameau, et qui désormais croîtra chaque année, s'il faut des années pour obtenir ce que la France veut, ce qu'elle voudra jusqu'à ce qu'elle l'obtienne. Qu'importent les insolentes déclarations de ne jamais céder à sa volonté souveraine? et les obstacles qu'on y opposera ? Elle en a vaincu bien d'autres et de plus grands. C'est le roseau des bords du fleuve, qui se redresse et lui dit : « J'arrêterai ton cours à mes pieds, tu ne rouleras pas plus loin tes eaux. Pourquoi es-tu fait, sinon seulement pour humecter mes racines et nourrir ma séve ? »

Voyez, déjà l'esprit de vertige s'emparer de vos ennemis ; voyez-les trahir leur frayeur par de stupides violences. Quoi ! il ne sera pas permis, suivant eux, aux défenseurs de l'ordre public de réclamer le droit légal d'intervenir dans la chose publique ! Qu'en voulez-vous donc faire, de cette chose publique, dites-le moi, si vous craignez tant ceux que la loi même a chargés de la défendre ? Insensés ! vous osez tenir à trois millions de Français ce langage : « Abandonnez, à notre appel, votre foyer domestique, vos occupations, vos affaires ; combattez pour nous, mourez pour nous ; mais gardez-vous bien de demander à ne plus être, dans une société dont la souveraineté de tous est la base, des parias politiques, d'en exprimer le simple désir ; car aussitôt nous punirions votre séditieuse audace. » On verra plus tard de quel côté sont les séditieux.

Honneur aux citoyens généreux qui, les premiers, ont donné l'exemple d'un courage que d'autres imiteront ! La lutte s'ouvre à peine ; il est beau d'avoir inscrit son nom sur le drapeau glorieux à qui la victoire restera.

Elle sera le prix de la persévérance : nul repos donc qu'après le triomphe. Honte à celui qui, ferme aujourd'hui, actif aujourd'hui, cesserait de l'être demain. Chaque jour a sa tâche qu'il faut accomplir. Point de fatigue qui excuse ; la fatigue n'est que le prétexte de la lâcheté. Elevons-nous, par notre dévouement, par l'oubli de nous-mêmes, par le saint amour du juste et du vrai, à la sublime hauteur de la cause dont les destins nous sont confiés. Ceux que nous combattons, que veulent-ils ? Leur bien personnel lié au mal des autres. Que voulons-nous ? Que devons-nous vouloir ? Le bien de tous, en y sacrifiant, s'il est nécessaire, notre bien personnel. Ils vivent en eux-mêmes uniquement ; nous vivons hors de nous. Voilà ce qui nous sépare, ce qui fait d'eux et de nous comme des races différentes.

Car, frères, sachez-le bien, il existe deux races, la race égoïste de l'intérêt pur, la race sympathique du devoir et du droit. Soyons de celle-ci, et chassons l'autre vers les déserts, où sa demeure est marquée loin du séjour de l'homme, parmi les êtres inférieurs incapables de société, les **brutes** solitaires des forêts.

DE L'ESCLAVAGE MODERNE

Chez les anciennes nations, le peuple n'existait pas. Ce que nous appelons le peuple, c'étaient les esclaves. Homme de travail, ils cultivaient le sol, vaquaient au service intérieur de la maison, exerçaient les arts mécaniques, quelquefois les arts libéraux (1), et les plus importants, tels que la médecine. Membre de la cité, et seul, à ce titre, investi des fonctions publiques, l'homme libre gouvernait, administrait, jugeait, ou, affranchi de tout autre soin que les soins domestiques, vivait oisif, soit de ses revenus, soit des revenus de l'Etat; car l'Etat nourrissait les citoyens incapables de pourvoir à leur subsistance.

Ainsi l'homme libre possédait, ou pouvait posséder, ne dépendait que des lois, participait de droit et de fait à la souveraineté, et c'était là son caractère.

L'esclave, au contraire, vendable, achetable, était, comme le cheval et le bœuf, la propriété

(1) Quelques, Romains avaient, parmi leurs esclaves, des grammairiens, des poëtes, des gens de lettres comme nous disons aujourd'hui. Térence était esclave.

du maître, dépendait de ses volontés, n'en pouvait lui-même avoir aucune, pur instrument, pure chose, privé qu'il était, selon le droit admis alors universellement, de personnalité et de nom : d'où, jusqu'à notre temps, l'expression d'homme *sans nom*, vestige, après tant de siècles, reconnaissable encore, de l'esclavage antique.

Son abolition ne s'opéra qu'avec une extrême lenteur, par un progrès presque insensible, et l'on ne doit pas croire que jamais elle ait été complète, au sein même de la civilisation chrétienne la plus avancée. On le verra clairement lorsque tout à l'heure nous parlerons de l'époque présente.

Le premier pas vers l'affranchissement ne fut qu'une légère modification dans la servitude. Le serf, en effet, et une partie de l'Europe est encore couverte de serfs, ne se distinguait de l'esclave ancien que par une dépendance personnelle un peu moins profonde. Le mariage religieux lui créait une famille, et c'était beaucoup : longtemps les plébéiens combattirent à Rome pour conquérir ce droit (1). Quoique inféodé à la glèbe et appartenant lui et les siens au possesseur du sol, un faible commencement de propriété (il est vrai, très-précaire) était cependant compatible avec son état, que l'influence des mœurs générales et, pour ainsi dire, la

____

(1) *Connubium, jus connubii.*

sourde germination des idées dans lesquelles ces mœurs avaient leurs racines, améliorait progressivement. Si le caractère d'homme n'était pas respecté en lui, il y était au moins reconnu. L'esclavage devenait de jour en jour une contradiction. Ce changement, presque inaperçu, renfermait tout l'avenir de l'humanité.

Le servage, originairement, s'étendait aux habitants mêmes des villes (1) où s'agglomérait la population industrielle et commerçante. Le besoin que l'on avait d'elle, le profit que les classes privilégiées tiraient de ses travaux, les moyens que sa richesse, difficile à saisir sans en tarir la source, lui fournissait pour en acquérir à prix d'argent les immunités, objet de ses ardents désirs, changèrent peu à peu sa condition jusqu'à l'époque où commença cette opiniâtre et glorieuse lutte dont l'affranchissement des communes fut le fruit. Car la liberté veut être conquise, jamais elle n'est concédée volontairement, et il est remarquable que partout elle a été primitivement due aux efforts généreux de l'artisan, toujours le premier à la réclamer, le premier à l'obtenir en mourant pour elle.

Cette révolution, car c'en était une, et plus grande qu'on ne pouvait le soupçonner alors,

---

(1) Dans ce tableau général, nous ne tenons pas compte de certaines positions particulières créées par le mélange de la nouvelle société après la conquête.

cette révolution constitua proprement le tiers état. Les rapports réciproques des différentes classes ayant changé, le mot peuple changea également de signification. Jusque-là, le peuple, c'était le serf, à peu près uniquement. Placé comme une base inerte au plus bas degré de la société, il en portait tout le poids. Sans droits aucuns, il ne voyait au-dessus de lui que des maîtres, et tous ses devoirs se résumaient dans le devoir absolu d'une obéissance aveugle. La religion seule le relevait, mais dans une autre sphère, et c'est à elle, c'est au Christianisme qu'il dut de pouvoir peu à peu sortir de cet abîme d'abaissement. Car le Christianisme le déclarait enfant de Dieu, frère du Christ, égal, dans l'ordre de la nature et dans celui de la grâce, à ses oppresseurs, et cette contradiction entre la foi religieuse et le fait social conduisait forcément ou au redressement du fait social ou à l'abolition de la foi religieuse.

Après l'établissement des communes, qui donna naissance à la bourgeoisie, à mesure que, par une lente progression d'affranchissement, le servage disparaissait, il se forma, au sein du système féodal, une classification nouvelle. La nation se partagea en nobles et en roturiers, et cette distinction continua de rappeler, par la réalité des choses, sous des noms différents, l'esclavage ancien, modifié seulement et non détruit.

En effet, les caractères fondamentaux de l'esclavage, la sujétion d'une part, de l'autre la domination, subsistaient d'une manière tranchée au fond de l'organisation sociale. Si on reconnaissait au peuple quelques droits résultant plutôt d'une tolérance tacite, de concessions toujours révocables, que de lois expresses, et impunément violées dans la pratique, on lui en déniait un plus grand nombre, et sa condition demeura tellement inférieure que, pour se l'expliquer, on tomba comme naturellement dans l'idée de deux races si distantes qu'elles ne pouvaient se mêler sans une sorte de profanation.

Un ambassadeur de Venise près de François II, décrivant la constitution de la France à cette époque, parle des trois ordres, dont le dernier est l'*état du peuple* ou le *tiers état*. Expliquant ensuite ce que c'est que la noblesse : « Par le mot de nobles on entend, dit-il, *ceux qui sont libres* et qui ne payent au roi aucune espèce d'imposition (1). »

Si le caractère distinctif du noble était d'*être libre*, le caractère distinctif du peuple était de ne l'être pas.

Qu'était donc le peuple? Dans les cahiers de la province d'Anjou, pour les Etats généraux convoqués à Orléans en 1560, après de vives plaintes sur les abus, les exactions, les oppressions des deux premiers ordres, on lit ce qui

____

(1) Discours de Michel Soriano, **Vénitien**, touchant son ambassade en France.

suit : « Reste le tiers état, lequel trouvons sans macule publique. C'est celuy qui soutient les guerres ; en temps de paix, entretient le Roy, laboure la terre, fournit de toutes les choses nécessaires à la vie de l'homme : toutes fois est grandement taillé de subsides et de taxes insupportables (1). »

En 1614, sous Louis XIII, les actes authentiques des États généraux constatent l'existence des mêmes faits. Le Tiers ayant osé dire que les trois ordres sont *fréres*, la Noblesse répond : « Qu'il n'y a aucune fraternité entre elle et le Tiers ; qu'ils ne veulent pas que des enfants de cordonniers et de savetiers les appellent leurs frères, et qu'il y a autant de différence entre eux et le Tiers comme entre *le maitre et le valet.* »

Puis, déléguant un député pour porter plainte au roi de l'insolence de ce *valet*, cet organe officiel de l'ordre entier de la Noblesse s'exprime ainsi : « J'ai honte, Sire, de vous dire les termes qui de nouveau nous ont offensés. Ils comparent votre Estat à une famille composée de trois frères. Ils disent que l'ordre ecclésiastique est l'aîné, le nôtre le puîné et eux les cadets. En quelle misérable condition sommes-nous tombés si cette

____

(1) *Histoire de l'Etat de la France, tant de la république que de la religion, sous le règne de François II,* par Régnier, sieur de la Planche, t. II, p. 76.

parole est véritable! Eh quoi! tant de services
signalés rendus de temps immémorial, tant
d'honneurs et de dignités transmis héréditaire-
ment à la Noblesse et mérités par ses labeurs et
fidélités, l'auraient-ils, au lieu de l'élever, tellement rabaissée qu'elle fût avec le vulgaire en la
plus étroite sorte de société qui soit parmi les
hommes, qui est la fraternité! Chacun reconnaît qu'ils ne peuvent en aucune façon se com-
parer à nous. »

Écoutez maintenant l'esclave du dix-septième
siècle et son cri de détresse : « Chose horrible
et détestable non-seulement à voir, mais à ouïr
raconter! Il faut avoir un triple acier et un grand
rempart de diamants autour du cœur pour en
parler sans larmes et sans soupirs : le pauvre
Peuple travaille incessamment, ne pardonnant
ni à son corps ni quasi à son âme, c'est-à-dire à
sa vie, pour nourrir l'universel du royaume; il laboure la terre, l'améliore, la dépouille; il met à
profit ce qu'elle rapporte; il n'y a ni saison,
mois, semaine, jour ni heure qui ne requière
son travail assidu; en un mot, il se rend ministre et quasi le médiateur de la vie que Dieu nous
donne et qui ne peut être maintenue que par les
biens de la terre. Et de son travail il ne lui reste
que la sueur et la misère; ce qui lui demeure de
plus présent s'emploie à l'acquit des tailles, de
la gabelle, des aides et autres subventions. Et
n'ayant plus rien, encore est-il forcé d'en trouver pour certaines personnes, lesquelles déchi-

rent votre peuple par commissions, recherches et autres mauvaises intentions trop tolérées. C'est miracle qu'il puisse fournir à tant de demandes; aussi s'en va-t-il accablé.

« Ce pauvre Peuple, qui n'a pour tout partage que le labeur de la terre, le travail de ses bras et la sueur de son front, accablé de la taille, d'impôt du sel, doublement retaillé par les recherches impitoyables et barbares de mille partisans, et ensuite de trois années stériles, a été vu manger l'herbe au milieu de prés avec les brutes; autres, plus impatients, sont allés à milliers en pays étrangers, détestant leur terre natale, ingrate de leur avoir dénié la nourriture, fuyant leurs compatriotes pour avoir impiteusement contribué à leur oppression en tant qu'ils n'ont pu subvenir à leurs misères. »

Malgré un progrès incontestable à d'autres égards, qu'y aurait-il aujourd'hui même à changer dans ce tableau? Le Peuple gémit toujours sous le fardeau des mêmes charges; *il soutient les guerres, entretient le roi, laboure la terre, met à profit ce qu'elle rapporte, se rend ministre et quasi médiateur de la vie que Dieu nous donne;* et le fruit de tout cela, la récompense de ces incessants bienfaits, quelle est-elle? La sueur, l'angoisse, la nudité, la faim, tant qu'il respire, et après, sa part dans la fosse banale.

Un droit nouveau, fondé sur l'inégalité de nature, est devenu de croyance commune; il faut, pour le combattre, s'envelopper d'équivo-

ques, d'hypocrites semblants, fourvoyer l'esprit
en mille détours obscurs; nul n'oserait le nier
ouvertement. Mais ce droit si puissant sur la
raison publique, ce droit élevé à la hauteur d'un
dogme religieux et qu'on pourrait désormais appeler la conscience des peuples chrétiens, ce
droit est resté jusqu'ici à l'état de simple idée
de pur sentiment; il n'a eu presque aucune influence sur les faits extérieurs, n'a reçu aucune
large application pratique. Dans l'effective réalité, nous en sommes encore à la solution
païenne du problème social, à l'esclavage des
nations antiques, atténué seulement et déguisé
sous d'autres noms et sous d'autres formes.

L'essence de l'esclavage est en effet, comme
nous l'avons vu, la destruction de la personnalité humaine, c'est-à-dire de la liberté ou de la
souveraineté naturelle de l'homme, qui fait de
lui un être moral, responsable de ses actes, capa-
ble de vertu. Ravalé au rang de l'animal et au-
dessous même de l'animal, en cessant d'être un
être personnel, il est rejeté en dehors du droit,
de l'humanité, et conséquemment de tout droit,
aussi bien que de tout devoir. Ne sachant plus
comment le nommer, parce qu'on ne sait plus
comment le concevoir, on l'appelle une *chose,
res;* voilà ce que devient la plus noble créature
de Dieu.

Par cela même que l'esclavage est la destruction de la personnalité, de la liberté, de la
souveraineté, tous mots synonymes, il ne sau-

rait se rencontrer que dans la société, car l'homme seul ne dépend que de soi; nulle entrave à sa liberté; ce qu'il veut, il le peut dans les limites de sa puissance.

Or, il existe trois genres de rapports généraux des hommes entre eux dans la société : rapports individuels, domestiques ou économiques, rapports civils, rapports politiques : donc, trois sphères distinctes où l'esclavage peut s'introduire, où l'homme peut être, à des degrés divers, dépouillé de sa souveraineté, de sa liberté, de sa personnalité.

Examinons sous ce triple point de vue l'état du peuple chez les nations modernes et en France particulièrement; voyons de quelle réelle liberté il jouit dans l'ordre individuel, domestique ou économique, dans l'ordre civil, dans l'ordre politique.

En ce qui touche l'ordre individuel, domestique ou économique, nous entendons par peuple les prolétaires, c'est-à-dire ceux qui, ne possédant rien, vivent uniquement de leur labeur. Peu importe le genre du travail; et ainsi il existe des prolétaires de toute condition, de toute profession. Seulement le plus grand nombre subsiste d'un travail corporel.

Ils ont sans doute sur l'esclave ancien un avantage immense, quand on le considère abstractivement; ils s'appartiennent de droit; ils peuvent à leur gré disposer d'eux-mêmes, agir ou n'agir pas, en un mot, vouloir, et cette faculté dont la loi garantit l'exercice leur est reconnue sans contestation. Mais si leur volonté est exempte de contrainte directe, elle est soumise habituellement à une autre sorte de contrainte, à une contrainte morale souvent absolue.

En effet, nous venons de dire que le prolétaire est l'homme qui vit de son travail et qui ne pourrait vivre s'il ne travaillait. Ainsi le prolétariat a pour terme correspondant le salaire ou la rétribution accordée par le capitaliste en échange du travail. La nécessité de vivre rend donc le prolétaire dépendant du capitaliste, le lui soumet irrésistiblement, car dans la bourse de celui-ci est la vie de celui-là. Que cette bourse se ferme, que le salaire vienne à manquer à l'ouvrier, il faudra qu'il meure, à moins de mendier, autre servitude plus humiliante, plus dure ; et, en outre, la loi punit la mendicité comme un délit. Imagine-t-on une dépendance comparable à celle-à, comparable à une dépendance fondée sur le droit absolu de vie et de mort ?

Le prolétaire dépend, en second lieu, du capitaliste, quant à la quotité du salaire. Ce n'est pas qu'il ne puisse le débattre ; mais, d'une part, la législation, telle au moins que les tribunaux l'interprètent et l'appliquent, favorise constamment le capital aux dépens du travail ; et, d'une autre part, le capitaliste pouvant toujours attendre, tandis que le travailleur ne le peut pas, et dès lors, maître des conditions du contrat réciproque, fixe seul, en réalité, sauf la concurrence entre les capitalistes eux-mêmes, le salaire ou le prix du travail.

Le capitaliste et le prolétaire sont donc entre eux, de fait, à peu près dans les mêmes relations que le maître et l'esclave des sociétés antiques; aussi le mot même est-il resté : on dit le *maître* et l'ouvrier, et l'on dit très-vrai.

Qu'était l'esclave à l'égard du maître? Un instrument de travail, une partie, et la plus précieuse, de sa propriété. Le droit reçu attachait radicalement à l'esclave ce caractère de chose possédée, et la contrainte physique le forçait à l'obéissance. Des chaînes et des verges étaient la sanction de ce droit monstrueux de l'homme sur l'homme.

Qu'est aujourd'hui le prolétaire à l'égard du capitaliste? Un instrument de travail. Affranchi par le droit actuel, légalement libre de sa personne, il n'est point, il est vrai, la propriété vendable, achetable de celui qui l'emploie. Mais cette liberté n'est que fictive. Le corps n'est point esclave, mais la volonté l'est. Dira-t-on que ce soit une véritable volonté que celle qui n'a le choix qu'entre une mort affreuse, inévitable et l'acceptation d'une loi imposée? Les chaînes et les verges de l'esclave moderne, c'est la faim.

Nous ne contestons pas, certes, le progrès moral ou la reconnaissance du droit, et ce progrès est grand, parce que, en relevant la dignité humaine et en consacrant le principe fécond de l'égalité naturelle, il en prépare un autre; parce qu'il produira tôt ou tard le fait social qui lui correspond logiquement. Mais, dans l'état présent des choses, la condition du prolétaire supérieure moralement, est, en ce qui tient à la vie physique, souvent au-dessous de celle de l'esclave.

Car enfin, l'esclave était au moins toujours assuré de la nourriture et du vêtement, d'un abri pour s'y réfugier le soir, de soins pendant la maladie, à cause de l'intérêt que le maître avait à le conserver; et le même intérêt empêchait qu'on ne l'accablât sous le poids d'un travail excessif; tandis qu'on peut impunément accumuler sur le prolétaire les fatigues les moins tolérables, et que jamais il n'est sûr du lendemain. S'il souffre, qui s'en inquiète? S'il meurt, qui le sait? Un autre lui succède : *tant les rangs sont pressés, tant* la faim *est prompte à remplir ces places.*

Ainsi voilà le sort du pauvre : dépendre entièrement de qui l'emploie; vivre quand on occupe ses bras, quand il y a pour le riche quelque profit à tirer de lui, mourir quand le travail lui manque ou quand le salaire est insuffisant. Est-ce là, oui ou non, de l'esclavage? En vérité, je m'étonne peu que quelques-uns, n'envisageant que le côté matériel des choses, le présent séparé de l'avenir, en soient venus à regretter, au milieu de notre civilisation si vantée, la servitude antique.

Placé hors du droit de la famille, du droit naturel, à plus forte raison l'esclave, autrefois, était-il hors du droit civil. Les lois protectrices du citoyen s'arrêtaient devant ses fers ou se changeaient en lois oppressives. Sa loi, à lui, son unique loi, était le caprice du maître. Parmi nous, le peuple, assujetti, dans l'ordre civil, aux mêmes lois que le riche, a droit à la même protection. Mais l'obtient-il effectivement? L'égalité que la loi proclame existe-t-elle de fait ? Voyons cela.

Il n'est pas besoin d'un long examen pour reconnaître que la maxime générale d'égalité n'est qu'une vaine fiction, imaginée pour satisfaire, je veux dire pour tromper la conscience publique.

Des multitudes de lois émanent, au contraire, d'un principe évident d'inégalité. Faites par les hommes du privilége, elles ont pour but leur intérêt particulier au détriment de l'intérêt du peuple, de l'intérêt presque universel. Que de lois de monopole! Et à qui servent-elles? qui favorisent-elles ? Est-ce l'intérêt de tous ou celui de quelques-uns, qui règle le tarif des douanes, détermine la nature et l'étendue des prohibitions ? Octrois, impôts de toute sorte sur quoi sont-ils prélevés, pour la plus grande partie, sinon sur le nécessaire du peuple ? Il a les charges de la société, d'autres en recueillent les bénéfices.

Nous ne sommes pas au bout de ce tableau trop fidèle de l'état du peuple en un pays renommé entre tous pour sa civilisation, son esprit libéral, ses mœurs douces et humaines.

Dans ses rapports avec la distribution de la

justice, l'ordre civil présente encore une choquante inégalité, qui va fréquemment jusqu'à l'oppression. Ainsi, en ce qui touche les personnes, quelle sévérité pour le peuple! Sur le moindre indice de délit, on enlève au travail qui nourrit sa famille le pauvre prolétaire; pour lui point de caution : qui la fournirait? On le jette donc en prison, sans aucun souci de sa vieille mère infirme, ni de sa femme, ni de ses enfants. Là, dans cette prison, au milieu de ce qu'une société corrompue a de plus immonde et de plus pervers, il compte douloureusement les jours qui le séparent des siens; il se représente leurs larmes, leurs souffrances, leurs poignantes angoisses; il entend, la nuit, dans la fièvre d'un demi-sommeil, chacun d'eux lui crier : « J'ai faim! » et quand, reconnu innocent, on lui dit : Va-t'en, il sort avec une santé ruinée, un avenir perdu. Qu'importe à ceux qui font les lois, à ceux qui les appliquent?

Nous parlons ici de l'ordre ordinaire; en politique, c'est bien autre chose. On a d'abord établi en droit que certains personnages, élevés au-dessus de la loi par leur naissance ou par leurs titres, ne sont soumis, quels que soient leurs actes, à aucune juridiction, ne peuvent être passibles d'aucune peine : de sorte que, prévenus du même délit que de simples citoyens et principaux auteurs de ce délit, ils sont renvoyés sans jugement, tandis qu'on sévit contre les subalternes.

L'inégalité ne s'arrête pas à ce premier terme, pour ainsi parler. Voyons-la tout de suite à son autre terme extrême.

Une émeute éclate-t-elle, ou le pouvoir a-t-il besoin, pour raffermir sa caduque existence, d'effrayer la Chambre et le pays par quelque conspiration de commande : alors, malheur aux prolétaires ! Sous le prétexte le plus futile ou sans aucun prétexte, par mesure préventive, on les arrache de leurs ateliers, on les entasse dans des cabanons privés d'air et de soleil, où leurs forces déclinent rapidement, faute d'une nourriture suffisante et saine, et par une suite de l'irritation que produisent en eux des vexations sans nombre, mille tortures physiques et morales savamment combinées pour affaiblir ces corps robustes et courber ces âmes vigoureuses.

Aucunes charges ne pesant sur la plupart d'entre eux, il faudra bien leur ouvrir les portes des cachots où leur santé se détruit chaque jour, où leur raison quelquefois s'altère. On le savait d'avance. Ainsi, sans doute, on va hâter l'instruction, le jugement, et plus le tribunal sera solennel, plus il montrera d'empressement à réparer l'injustice de détentions si déplorables. Vous le pensez, désabusez-vous. Tandis que sur la paille humide des prisons du gouvernement, ou dans le secret de ses oubliettes nouvellement décorées du nom de cellules pénitentiaires par une niaise et atroce philanthropie, des malheureux creusent leur douleur, toujours, toujours, pendant les longues heures d'attente, leurs nobles juges s'en vont, durant six mois, sept mois, se reposer aux champs et promener dans les parcs verdoyants de leurs châteaux, sous les ombrages de leurs riantes villas, leurs loisirs aristocratiques. Croyez-vous que si le prisonnier était un des leurs, que si par son nom, ses relations, sa richesse, il appartenait à ce qu'on appelle encore les classes supérieures, les hautes classes, on osât prolonger ainsi son supplice préventif? Alors on se souviendrait des prescriptions de la loi, ou, au défaut de la loi, on trouverait que l'humanité parle un langage plus impératif, plus sacré encore. Mais le prolétaire, est-ce un homme? Ce n'en est du moins pas un pour vous, hauts et puissants seigneurs de ce serf, maîtres dédaigneux de cet esclave.

Quelle que soit sa misère, il peut arriver, cependant, qu'il ait des intérêts à défendre, une injustice à repousser, qu'il soit, en beaucoup de circonstances, obligé de recourir à la protection des tribunaux. En droit, la loi, sous ce rapport égale pour tous, lui en permet l'accès; il lui est, de fait, presque entièrement fermé par d'autres dispositions légales. Car ses intérêts, à lui, sont minimes; ce sont des intérêts de pauvre, quelques francs peut-être; mais ces quelques francs, c'est son pain, sa vie. Or, on a élevé à tel point les frais de justice, qu'on la lui a rendue presque inaccessible, et que d'ailleurs, gagnant sa cause, il perdrait encore plus qu'il n'aurait gagné par la sentence des juges. Force lui est donc, le plus souvent, de subir en silence les iniquités dont il est victime, et d'en appeler des hommes à Dieu.

Autre inégalité : un riche meurt, le fisc prélève sa part de la succession, et quelle que soit cette part, les héritiers la payent aisément et sans trop de regret; la leur est encore assez belle. Par un long travail secondé de circonstances heureuses, par une sévère économie, le prolétaire aura péniblement recueilli quelques faibles épargnes, unique ressource qu'en mourant il puisse laisser aux siens. Ils en jouiront apparemment; la veuve, les orphelins ne se trouveront pas tout à fait dénués des premiers moyens de subsistance. Oh! qu'il n'en va pas de la sorte dans notre société. Le fisc accourt, instrumente, procède, et dévore en frais inévitables l'héritage entier, le fruit sacré du labeur du pauvre.

Mais voici quelque chose de plus inouï, de plus monstrueux encore.

On amène devant le juge une créature humaine, hâve, défaite, amaigrie, dont quelques sales lambeaux de vêtement déguisent à peine la nudité. « Vous avez, lui dit le juge, été trouvée tendant la main, ou couchée la nuit sur la voie publique. »

La créature humaine explique, d'une voix éteinte, que, manquant de travail ou incapable de travailler à cause de l'âge ou de la maladie, il lui fallait bien ou mourir ou recevoir d'autrui un secours charitable ; que, sans asile aucun, sans parents, sans amis, elle est tombée de lassitude et d'épuisement au coin de la rue.

« Sans asile ! reprend le juge : la loi a prévu ce cas ! vous êtes à ses yeux coupable de vagabondage. Délit donc de mendicité, délit de vagabondage, tous deux punis de l'emprisonnement. »

Naguère un chiffonnier, glorieux combattant de Juillet, accusé de ce délit qui ne se pardonne pas, répondit au juge : « J'ai passé aussi pendant ces trois jours la nuit dans la rue, et alors on ne m'appelait pas vagabond ! »

Si le Christ eût vécu parmi nous, un sergent de ville l'aurait profané de son ignoble attouchement, et un juge l'aurait fait écrouer pour vagabondage : car le Fils de l'homme n'avait pas une pierre pour y reposer sa tête.

Ainsi la faim place le prolétaire dans la dépendance absolue du capitaliste. Pour lui, nulle garantie de liberté individuelle, nulle défense possible de ses intérêts contre l'injustice et l'oppression ; nul moyen de transmettre à sa femme et à ses enfants souvent même un faible débris du modique pécule acquis à la sueur de son front ; et, lorsque les infirmités, la vieillesse ont usé ses forces, pas un pauvre petit coin de terre au soleil où on le laisse expirer en paix. Implore-t-il de la charité du passant un peu de pain : la prison ; épuisé de besoin, s'assied-il le soir près de la borne : la prison.

Nous le demandons encore, est-ce là, oui **ou non,** de l'esclavage ? Et qui, à ne regarder **que** le pur fait, sans égard au droit insolemment violé, mais reconnu, qui ne préférerait l'esclavage ancien !

L'un de ces caractères était, comme on l'a vu, l'exclusion de tout droit de cité, de toute intervention dans le gouvernement et l'administration de la chose publique, de toute espèce de part à la souveraineté collective ; et il n'en pouvait être autrement, car la souveraineté collective, résultat de l'association dans laquelle chacun apporte son droit et l'y conserve sous la garantie réciproque de tous, émane de l'originaire souveraineté de soi, de la liberté, de la personnalité humaine : et c'est pourquoi nier l'une conduit logiquement à nier l'autre en théorie et dans la pratique. Point de souveraineté collective, point de liberté de l'individu ; point de liberté de l'individu, point de souveraineté collective. Ce sont deux termes qui s'impliquent et s'engendrent l'un l'autre nécessairement. Nous en avons aujourd'hui même la preuve sous les yeux. A mesure que se multiplient les attentats contre la liberté, à mesure que nous allons nous enfonçant dans la servitude, que l'arbitraire renaît, avec lui renaissent les doctrines qui établissent le droit sur la force matérielle ou sur des abstractions soit mystiques, soit philosophiques, qui se résolvent dans la force matérielle ; on tente en un mot, de mille manières, directes et indirectes, d'ébranler le dogme sauveur, et heureusement impérissable, de la souveraineté du peuple.

Certes, on a grande raison de le redouter, ce dogme, de s'attacher à l'obscurcir, à l'abolir, si on le pouvait; car on ne saurait l'admettre qu'il ne faille aussitôt en conclure que notre société repose sur une complète, une inique et flagrante violation du droit fondamental de toute vraie société. Le peuple est-il souverain de fait? S'il ne l'est pas, s'il n'a aucune part au gouvernement de la chose commune, à la gestion des intérêts qui le touchent de plus près, donc il est politiquement esclave.

Et ce peuple esclave, de qui se compose-t-il? Non plus seulement des prolétaires, des hommes dépourvus de toute propriété, mais de la nation entière, à l'exception de deux cent mille privilégiés, sous la domination desquels se courbent honteusement trente-trois millions de Français, véritables serfs de cette époque, puisque leurs seigneurs et maîtres à deux cents francs d'imposition, seuls investis du droit de participer à la confection de la loi, disposent d'eux, de leur personne, de leur liberté, de leurs biens, au gré de leurs caprices, et, bien entendu, selon leur intérêt exclusivement propre. Après un demi-siècle de lutte contre la tyrannie féodale et royale, après tant d'efforts et de sacrifices, tant de combats pour affranchir l'humanité d'un joug écrasant, voilà où nous en sommes.

Peuple, peuple, réveille-toi enfin ! Esclaves, levez-vous, rompez vos fers; ne souffrez pas que l'on dégrade longtemps en vous le nom d'homme ! Voudriez-vous qu'un jour, meurtris par les fers que vous leur aurez légués, vos enfants disent : Nos pères ont été plus lâches que les esclaves romains. Parmi eux il ne s'est pas rencontré un Spartacus !

Il s'en rencontrera, et plus d'un, n'en doutons pas; autrement que resterait-il, qu'à jeter un peu de terre sur cette génération maudite et pourrie !

Mais le Spartacus des esclaves modernes ne fuira point dans les montagnes et les lieux déserts pour y armer quelques bras vengeurs. Il n'en sera pas réduit à poursuivre par la force matérielle un succès incertain. Le Spartacus des esclaves modernes les armera de leur droit même, de leur droit reconnu, et c'est par lui qu'ils triompheront. Quelque détestable que soit la loi, on ne l'a pu faire assez mauvaise pour fermer à la plainte toute issue, pour arrêter les réclamations; pour empêcher qu'elles ne viennent, unanimes, innombrables, toujours plus expressives et plus empreintes de commandement, éveiller chez les oppresseurs des réflexions sérieuses et troubler leur sécurité; car ils savent qu'ils seront vaincus le jour où l'opinion, le vœu universel s'étant prononcé, on ne pourra élever de doute sur la volonté nationale.

Après dix-huit siècles de Christianisme, **nous**

vivons encore sous le système païen. On a proclamé au nom du souverain Auteur des choses, du Père céleste qui embrasse tous ses enfants dans un même amour, l'égalité, la liberté, la fraternité humaine : et l'inégalité est partout, la servitude; partout le frère a rivé au pied de son frère la chaîne de l'esclavage; partout le peuple gémit sous une sacrilége oppression; partout, au lieu de la grande et douce figure du Christ, on voit se dresser le spectre de Caïn.

Frères, ce profond désordre, cette rébellion impie contre Dieu et sa loi, cette insolente, cette criminelle violation du droit vital de l'humanité, doit avoir un terme. Vous ne sauriez désormais la souffrir plus longtemps sans vous en rendre les complices directs. L'intérêt, le devoir, tout vous presse d'accomplir l'œuvre sainte de la régénération sociale.

Mais par quel moyen s'effectuera-t-elle? Par quelle voie tenterez-vous d'arriver au but qu'il s'agit d'atteindre? Grave question qu'il importe d'examiner attentivement, car toute méprise serait funeste.

Sachez bien, premièrement, et n'oubliez jamais, qu'à aucune époque, il n'y a de possible que ce qui est mûr dans les esprits, ce qui, préparé peu à peu, est devenu l'objet d'une attente et d'un désir général; que toute réforme qui se présente comme une perturbation radicale des choses existantes, le renversement de ce qui a encore dans les idées, les habitudes, les mœurs, l'opinion vraie ou fausse des masses, des racines vivantes, échoue toujours; qu'ainsi rien de plus pernicieux que les purs systèmes de l'esprit, principalement s'ils offrent un fâcheux caractère de rigidité absolue ; que les théories contestées, le fussent-elles même à tort, les théories qui répugnent au grand nombre, les spéculations économiques et philosophiques inapplicables, au moins actuellement. Elles ont pour effet d'effrayer et de retenir dès lors dans une déplorable inertie les hommes même les mieux disposés et dont le concours serait le plus utile, quelquefois le plus indispensable.

Un certain sens universel détermine la limite entre ce qui se peut à un moment donné, et ce qu'on essayerait vainement. Le possible d'aujourd'hui n'est pas le possible de demain. On ne saurait, sans se préparer de lamentables déceptions, faire abstraction du temps et de ce que le temps amène avec soi. Pour réussir, il faut se placer au milieu du courant des choses humaines, car c'est là seulement qu'est la force réelle. Si, dans le lointain, vous avez aperçu un rivage heureux où doive aborder la société, le fleuve l'y portera de lui-même, mais non par un brusque élan. Comment l'y conduirait-il sans traverser les lieux qui l'en séparent encore?

Tout s'opère, dans la nature, par voie de développement, par un progrès continu, gradué, et cette loi est sans exception. Aucune violence ne parviendrait à hâter d'une seconde la croissance d'un brin d'herbe; pas davantage ne peut-elle hâter la croissance de la société. Aussi la violence répugne-t-elle instinctivement aux masses. Elles la redoutent, d'abord, à cause de ses effets immédiats, qui sont le trouble et la destruction; elles y voient, en outre, un indice de faiblesse morale et de desseins équivoques. Car, ou l'on veut ce que veut la grande majorité du peuple, et alors tout cède de soi-même à sa puissance irrésistible; ou l'on veut ce qu'il ne veut pas, et alors la violence recouvre une pensée de tyrannie.

On ne réussit encore qu'à deux conditions essentiellement inséparables : un dévouement complet, désintéressé à la cause commune, un sentiment profond de la justice aimée pour elle-même. Sans cela, chacun, ne songeant qu'à soi, s'isole et croupit dans son égoïsme ; sans cela, l'intérêt personnel, étroit et sec, radicalement incompatible avec l'esprit de sacrifice, étouffe au fond de l'âme les mouvements généreux, les fermes et saintes résolutions, divise, abaisse, et pousse sur la pente des convoitises brutales. L'homme que rien ne soulève au-dessus de lui-même est serf par nature.

Des trois formes que revêt l'esclavage sous lequel on vous a courbés, l'esclavage domestique, l'esclavage civil et l'esclavage politique, le premier est celui dont vous sentez plus vivement le poids, parce qu'il s'identifie avec vos souffrances de chaque jour, de chaque heure, souffrances physiques et souffrances morales, besoins du corps et besoins de l'esprit; car l'esprit a aussi ses besoins, d'autant plus impérieux qu'ils dérivent de ce que notre nature recèle de plus intime et de plus élevé; et quel moyen d'y satisfaire, pressés comme vous l'êtes par la nécessité d'un travail incessant pour subsister vous et les vôtres? Quel moyen d'acquérir l'instruction qui rendrait plus productif votre travail même, qui répandrait sur votre vie si aride maintenant, si traversée, si dure, le charme de la science et de l'art?

Ce que vous voulez avant tout, c'est que ce grand désordre, cette choquante inégalité dans la distribution des biens et des maux, des charges et des bénéfices de l'état social, cette inique oppression de la classe la plus utile et la plus nombreuse, disparaisse, et que l'homme de travail ait sa juste part dans les avantages de la commune association. Ce que vous voulez, c'est que le pauvre, relevé de sa longue déchéance, cesse de traîner avec douleur ses chaînes héréditaires, d'être un pur instrument de travail, une simple matière exploitable : et en cela vous avez mille fois raison. Tout effort qui ne produirait pas ce résultat serait stérile; toute réforme dans les choses présentes qui n'aboutirait point à cette réforme fondamentale serait dérisoire et vaine.

Mais comment changerez-vous sous ce rapport votre état actuel? Il faudrait vous entendre, vous concerter, vous associer, il faudrait agir ; et quelle liberté d'association, d'action vraiment réelle, efficace, vous a-t-on laissée ? On ne souffre seulement pas que, par une résolution commune, vous tentiez d'obtenir une augmentation de salaire ; on appelle cela une coalition, et la loi punit les coalitions de l'amende et de l'emprisonnement. Elle vous enveloppe dans son réseau, elle vous serre dans ses liens. Le pouvoir est là toujours attentif pour protéger le privilége, toujours inexorable pour vous accabler, sur la plus légère crainte, sur le prétexte le plus léger, de ses rigueurs arbitraires. On vous sépare les uns des autres, on vous retient dans vos greniers, comme les bêtes de nos ménageries dans leurs cellules pénitentiaires.

Vous permet-on de vous réunir pour traiter ensemble de vos intérêts ? Et, isolé, que peut chacun de vous ? A la moindre pensée d'affranchissement que l'on vous soupçonne de nourrir, vos oppresseurs s'inquiètent, une police ennemie tend autour de vous ses piéges infâmes, surveille vos démarches, en provoque d'imprudentes, épie vos paroles, les recueille pour les envenimer, et bientôt, par forme de mesure préventive , on vous envoie réfléchir, au fond d'un cachot, entre un morceau de pain noir et une cruche d'eau bourbeuse, sur le danger, pour l'esclave moderne, de troubler le sommeil de ses maîtres.

Victimes ainsi des lois qu'ils ont faites, victimes du pouvoir, absolu de fait, qu'ils se sont ar-

rogé sur vous, vous n'arriverez à quoi que ce
soit si ce pouvoir reste le même, si cette législation n'est pas modifiée, si, esclaves dans l'ordre
des relations individuelles d'où dépend la vie,
vous continuez de l'être encore dans l'ordre civil.

Or, que pouvez-vous dans cet ordre contre le
pouvoir et contre la loi, pour résister à l'un et
pour modifier l'autre ? Evidemment rien. Regardez, cherchez, partout vous vous trouverez
en face de votre impuissance. Pour modifier la
loi, il est indispensable d'avoir part à sa confection ; pour régler le pouvoir, pour en diriger
l'exercice, en arrêter l'abus, il faut posséder le
droit de contrôler ses actes, le droit effectif de
commandement.

Or, on ne vous a laissé en partage qu'une
obéissance aveugle à la loi faite sans vous, souvent contre vous, et aux exécuteurs de la loi.
Qui songe seulement à s'enquérir de vos besoins,
de vos griefs, lorsqu'on délibère sur ce qui vous
intéresse le plus ? On rirait de celui qui parle-
rait de vous consulter ; on le traiterait d'insensé,
si on ne l'accusait d'intentions séditieuses. Purement passifs, vous êtes dans l'Etat ce qu'est dans
l'écurie l'animal domestique. La nuit attachés à
la crèche, le jour attelés à la charrue, c'est la
loi ; et encore un coup, vous ne pouvez ni changer, ni modifier la loi. Votre esclavage dans
l'ordre civil est donc une conséquence immédiate et inévitable de votre esclavage dans l'ordre politique.

Ainsi, comprenez-le, votre servitude sera éternelle, et votre misère, et tout ce qu'elle engendre de souffrances et d'angoisses inouïes, à moins que, d'abord, vous ne parveniez à vous affranchir politiquement, à sortir de la nullité à laquelle on vous a réduits et où l'on voudrait vous retenir, à conquérir enfin, avec le droit de cité, la plénitude de ceux qui vous appartiennent comme hommes. Et vous y parviendrez, sans aucun doute, si vous le voulez véritablement, si rien ne vous détourne de ce but, si vous le poursuivez avec une ferme, une invincible persévérance.

Votre position et votre intérêt sont ici l'intérêt et la position de la nation entière, à deux cent mille privilégiés près, dont la plupart même, honteux de l'injuste inégalité consacrée par la loi, aspirent au rétablissement du droit commun. Non-seulement cette contradiction entre la loi et le principe de la loi, lequel est la souveraineté de tous, blesse leur conscience et leur raison, mais encore ils voient dans le privilége électoral le germe déjà développé d'une aristocratie pire que l'ancienne ; dans le système du cens, qui règle les droits et mesure les capacités sur l'argent, qui calcule par livres, sous et deniers, la probité et l'intelligence, une ignoble sottise, en même temps que la source d'une corruption qui ne tarderait pas à devenir mortelle, et dont le progrès est d'autant plus rapide et plus menaçant, qu'au lieu de s'en effrayer le poul'excite par tous les moyens qui sont en sa puis-sance, et semble avoir fondé son existence sur elle.

Ils conçoivent que le maintien de l'ordre public et la sécurité de l'avenir seraient grandement compromis si l'on persistait à rejeter hors de la société politique, hors de la cité, trente-trois millions de Français, qui, dès lors sans patrie, car il n'y a de patrie que pour le citoyen, tenteraient à tout prix de s'en créer une, et ne le tenteraient pas vainement. Les électeurs dont nous parlons, privilégiés involontaires, ne croient pas, eux, à la durée possible de l'esclavage dont quelques forcenés, que leurs mauvaises passions aveuglent, rêvent follement la continuation indéfinie; ils ne croient pas que le fait brutal, un moment appuyé de la force matérielle, puisse triompher du droit éternel, et leur concours est acquis au peuple.

Que partout donc, obéissant à l'impulsion déjà donnée, on dresse des pétitions pour la réforme électorale, et qu'elles se couvrent de signatures; que, de tous les points de la France, des plus vastes cités et du dernier hameau, elles arrivent à la Chambre; qu'elles retentissent dans son enceinte comme la grande voix du Peuple : les plus distraits de ses membres écouteront de toutes leurs oreilles, les plus engourdis tressailleront, et ceux qu'anime un mauvais vouloir, pénétrés du pressentiment de l'avenir inévitable se diront : Notre temps est passé !

Ne redoutez donc pas la résistance que l'on

vous opposera d'abord. Vous avez pour vous la justice, le droit ; et le droit, la justice triomphent toujours infailliblement. Croyez à leur force, à la vôtre, et cette foi vous sauvera.

On n'a pas nié encore ouvertement votre souveraineté, la souveraineté nationale, et, si on la niait, vous demanderiez au pouvoir ses titres, et, comme il n'en pourrait produire aucuns, il s'avouerait usurpateur, et vous ressaisiriez sur-le-champ la puissance usurpée par lui.

Or, votre souveraineté inaliénable, impérissable, étant reconnue, sur quel motif, sur quel prétexte vous en contesterait-on l'exercice? Ce serait à la fois l'admettre et la rejeter, ce serait dire au peuple : vous êtes souverain, nous le reconnaissons, souverain de droit ; mais ce droit qui vous appartient, que nous avouons vous appartenir, vous n'en userez qu'autant qu'il nous plaira de vous le permettre.

Et qui tiendrait ce langage? Qui s'érigerait en juge indépendant, absolu de vos demandes? les députés? mais que sont les députés, sinon vos délégués, vos mandataires? S'ils ne sont pas de vous, d'où viennent-ils ? quelle est leur origine, et de qui tiennent-ils leur mission ? qu'on nous l'explique.

Leur fonction est de vous représenter, leur devoir de recueillir vos vœux, vos volontés suprêmes, pour les convertir, selon certaines formes déterminées, en lois : autrement ils seraient vos maîtres ; ils seraient les vrais souve-

rains, et votre souveraineté, à vous, se changerait en une complète sujétion.

Quand donc il vous plaît de leur notifier directement vos volontés, dans la forme qui les
revêt d'un caractère de certitude légale, ils n'ont
pas même à délibérer, ils n'ont qu'à obéir.

Sortez de là, il ne reste qu'une organisation
sans principe, un gouvernement sans raison, un
arbitraire indéfini, la tyrannie de plusieurs, ou
d'un seul.

Quelque évident que soit votre droit, on peut
néanmoins, et l'on doit prévoir des tentatives
désespérées pour échapper à ses conséquences;
on doit prévoir une rébellion des mandataires du
peuple contre le peuple. Tout se peut, et tout
s'est vu.

Que faire en ce cas? direz-vous.

En ce cas, le mandataire infidèle, ayant lui-
même déchiré son titre, serait seul d'un côté
et la nation de l'autre. Remarquez que je dis la
nation, et non pas une fraction seulement, une
minorité de la nation.

Le mandataire, dans cette hypothèse, ne tenant plus d'elle son pouvoir, n'en posséderait
légitimement aucun. Ses actes, radicalement nuls,
n'obligeraient en aucune manière. Il y aurait
suspension de gouvernement, absence d'autorité,
et la nation, forcée de pourvoir à sa conservation, prendrait conseil d'elle-même, et ferait,
sous l'inspiration de l'instinct de la vie, tout ce
qu'exigerait cet intérêt suprême.

L'opposition une fois constatée entre elle et ses représentants, qui auraient alors cessé de l'être, avec un calme solennel, sans violence aucune, — qu'en aurait-elle besoin? — elle rappellerait à soi l'exercice délégué de sa souveraineté, et protesterait par le refus de l'impôt contre le pouvoir rebelle.

Peuple, voilà ton droit et voilà ton devoir : ton droit, car qui a celui de disposer sans toi de ce qui t'appartient, de t'imposer des charges que tu n'aies ni consenties ni pu consentir, de te tailler à merci et miséricorde, le droit de te retenir dans l'esclavage politique? Ton devoir, car le premier des devoirs est d'être et de rester homme, le devoir de repousser l'esclavage qui, dépouillant de sa personnalité la créature intelligente, l'abaisse au-dessous même de la brute.

Le droit de refuser l'impôt à un gouvernement en guerre ouverte avec la nation ne saurait être contesté; car la nation étant le seul vrai, le seul légitime souverain, qui s'élèverait au-dessus d'elle pour opposer à sa volonté une autre volonté, pour lui parler en maître? Qui lui dirait : plie sous ma loi, sous mon commandement supérieur absolu?

Ou le Pouvoir reconnaît la souveraineté de la nation, et alors il doit obéir à ce que veut la nation, ou il la nie, et la nation alors peut et doit défendre contre les attaques du pouvoir sa souveraineté, c'est-à-dire sa vie.

En principe donc, le droit de refuser l'impôt,

corrélatif au droit de le consentir, est incontestable. On l'a reconnu en Angleterre sous Charles Ier,
en France sous la Restauration; on le recon-
naît maintenant même en Espagne. C'est tout à
la fois une maxime du plus simple bon sens,
et une impérieuse nécessité dans certaines circonstances.

Mais, dira-t-on peut-être, on peut opposer la
violence au droit.

Il est vrai, tout crime est possible.

Alors ce ne serait plus un de ces débats où
la raison seule décide; ce serait une question
de force, et le pouvoir qui l'aurait posée, dans
un accès de vertige, subirait, il le faudrait bien,
les conséquences, quelles qu'elles fussent, de
cet acte insensé. Les exemples ne manquent
pas qui nous apprennent ce que c'est que la
force du pouvoir contre la force du peuple.
Soyons donc en repos sur ce point.

Mais, au-dessus de toute question de force,
au-dessus même de toute question de droit,
s'élève la grande pensée du devoir, qui vous
soutiendra dans la lutte d'où dépend pour l'avenir votre sort et le sort du monde.

C'est le devoir qui produit l'union, parce
que, le même pour tous, il opère la fusion de
tous en chacun et de chacun en tous; et, sans
union, que ferez-vous? A quoi réussirez-vous?

C'est le devoir qui donne la constance dont
la victoire est le prix, parce qu'il est immuable,
ne change jamais, ne s'affaiblit jamais, parce

qu'il presse également aujourd'hui, demain, tous les jours.

On peut sacrifier son intérêt, abandonner son droit personnel; on ne peut sans crime abandonner le droit, sacrifier l'intérêt de ses frères.

Le devoir oblige la volonté et n'est pas soumis à la volonté. Il s'impose avec la puissance d'un commandement d'en haut, du commandement de Dieu même. Le devoir est une religion.

Rien de durable, rien de grand ne se fait qu'en vertu du devoir; car, tout le reste, uniquement relatif à l'individu, ne s'étend pas au delà de lui, est chétif comme lui, passager comme lui.

Jetez les yeux sur le passé, parcourez l'histoire des nations éteintes : en est-il qui aient accompli quelqu'une de ces œuvres dont le souvenir se prolonge à travers les siècles, qui influent sur les destinées des générations successives, à moins que, par une impulsion partie du fond de la conscience, elles ne se sentissent divinement poussées vers un but qu'il leur était ordonné d'atteindre? à moins que, s'oubliant soi-même, chacun ne fût exclusivement préoccupé de ce but commun, prêt, quoi qu'il arrivât, à tous les dévouements, à tous les sacrifices ?

Ainsi les premiers Romains vivaient et mouraient pour la ville éternelle, ainsi les premiers Chrétiens vivaient et mouraient pour l'humanité.

Si chacun d'eux n'eût pensé qu'à soi, que serait devenue Rome? que serait devenu le monde?

Toute pensée, tout désir dont l'individu isolé est le terme, se résout dans un intérêt soit de repos, soit de jouissance actuelle et presque toujours de jouissance brutale. On veut vivre tranquille, on veut vivre mollement. On ferme sa porte pour n'être point troublé, pour ne pas entendre la plainte de ceux qui passent dehors nus et affamés, les lugubres lamentations de la misère et de la souffrance.

Quand on en est là, nul remède, nul autre avenir pour la société qu'une dissolution dégoûtante, une mort inévitable et un sépulcre infâme.

Le devoir est la loi de vie, la loi selon laquelle la créature intelligente se conserve, se développe et atteint sa fin.

Que le devoir donc préside perpétuellement à votre action, la dirige, la féconde. Oubliez votre propre intérêt pour ne songer qu'à celui de vos frères. Que chaque soir vous puissiez vous dire : J'ai travaillé pour eux; j'ai voulu diminuer la somme des maux et accroître celle des biens futurs; j'ai coopéré selon mes forces aux desseins de Dieu, à l'accomplissement de son œuvre; j'ai vécu non pour moi, mais pour l'humanité?

Que si, abjurant un vil égoïsme, tout désir purement individuel, toute vue étroite et matérielle circonscrite dans le présent, vous élevez vos regards plus haut; si vous embrassez dans un saint, un ardent amour, non-seulement vous et les vôtres, non-seulement ceux au milieu desquels s'écoule votre rapide existence, mais la famille humaine tout entière, mais tous les siècles qui viendront, alors croyez, croyez fermement au succès certain de vos efforts.

Comme le soldat qui tombe dans le combat, peut-être ne serez-vous pas témoin de la victoire ; mais le cri de triomphe de vos frères vainqueurs, les chants d'allégresse des peuples affranchis, de l'humanité désormais en possession d'elle-même, retentiront sur vos cendres émues, et, au fond du tombeau, vous tressaillerez d'une joie immortelle.

Pour nous résumer : L'esclavage ancien, modifié seulement dans ses formes et modifié au détriment de l'esclave, subsiste encore de fait au sein des sociétés modernes, même les plus avancées ; mais il y est en contradiction avec l'idée et le sentiment d'un droit inébranlablement établi dans la raison publique et la conscience universelle.

Cette contradiction entre le fait et le droit qui tend à transformer le fait pour s'harmoniser avec lui, et le fait qui résiste à cette transformation, est la cause réelle du malaise, du trouble, de la secrète inquiétude et de la guerre intestine qui agite aujourd'hui le monde.

Serf dans l'ordre domestique, dans l'ordre civil, dans l'ordre politique, le peuple est tourmenté du besoin de s'affranchir, pour assurer sa vie par une meilleure organisation du travail et une plus équitable distribution de ses fruits, pour remonter à la dignité d'homme, pour conquérir les droits de citoyen.

La grande révolution qui s'opère sous nos yeux n'a pas d'autre motif, d'autre but, et rien ne l'arrêtera que ce but ne soit atteint.

Ce que veut le peuple, Dieu lui-même le veut ; car ce que veut le peuple, c'est la justice, c'est l'ordre essentiel, éternel, c'est l'accomplissement dans l'humanité de cette sublime parole du Christ : « Qu'ils soient UN, mon Père, comme vous et moi nous sommes UN ! »

La cause du peuple est donc la cause sainte, la cause de Dieu ; elle triomphera donc.

Mais, afin qu'elle triomphe plus vite, avec le moins possible de perturbations inutiles et de souffrances perdues, le peuple doit d'abord resserrer le lien moral d'où naît l'unité par le dévouement de chacun à tous, par l'entier sacrifice de soi, qui est la racine même du devoir et sa pleine consommation.

Il doit, après cela, comprendre que, pour s'affranchir dans l'ordre domestique, il faut premièrement qu'il soit affranchi dans l'ordre civil et que l'affranchissement civil dépend de l'affranchissement politique.

Libre politiquement, il recouvrera sans obstacle ses autres libertés, il effectuera, par sa coopération à la loi, par le pacifique exercice de sa souveraineté toute-puissante, les améliorations de tout genre, économiques, civiles, qu'il jugera lui-même actuellement praticables.

Or, la question politique se résout dans celle de la réforme électorale, d'une réforme large, complète, qui ne repose ni sur le principe ignoble et corrupteur du cens, ni sur des catégories arbitraires, sur de niaises présomptions de capacité, mais sur le droit même inhérent à l'homme et au citoyen ; car alors nul ne sera dépouillé de sa liberté essentielle, de la part qui lui appartient dans la souveraineté nationale ; alors seulement l'esclavage moderne sera réellement aboli.

Ce jour de la justice et de la paix, ce jour que bénira l'humanité future, qu'elle célébrera dans ses sacrés cantiques, il n'est au pouvoir de personne d'empêcher qu'il ne vienne, mais il dépend de nous de le hâter.

Que nos efforts soient unanimes, qu'ils soient persévérants, que rien ne nous lasse, ne nous décourage, ni la résistance de quelques-uns, ni l'inertie de plusieurs autres, et bientôt la lumière se fera, et bientôt l'astre qu'attend le genre humain, qu'il appelle de ses vœux, que saluent ses fermes espérances, enflammera les stagnantes vapeurs de l'horizon.

OPUSCULES

AVERTISSEMENT

Comme nous l'avons fait pour notre édition du *Livre du Peuple* et de *Une Voix de prison,* (tome XCII de la Bibliothèque nationale), nous complétons le présent volume en empruntant à la mine féconde du génie de Lamennais ceux des Opuscules publiés par lui en 1837, dans le journal *le Monde,* qui rentrent le mieux dans l'ordre d'idées développées dans le livre si plein d'enseignements de toute sorte que nous venons de reproduire.

DU PEUPLE

Nous appelons peuple, comme nous l'avons expliqué déjà, cette multitude qui forme partout le fonds réel de la société, et en quelque manière le sol fécond où les autres classes relativement très-peu nombreuses, ont leurs racines et puisent leur vie; car toute vie sort du peuple; la vie physique, dont la conservation, dépendante de certaines conditions matérielles, est due à ses continuels travaux ; la vie morale, qui a sa source dans les immuables principes de justice, d'équité de charité, dont jamais le sentiment ne s'éteint en lui, et qui restent invariablement, aux époques mêmes où ils semblent le plus ébranlés, sa règle traditionnelle et sa loi pratique.

Tel est le peuple : considéré dans son ensemble sur la surface entière du globe, il représente, il constitue véritablement l'humanité; et dès lors il n'existe pas une seule question sociale, une seule question de progrès, de réelle amélioration et de bien-être général, qui n'aboutisse au peuple comme à son terme naturel et nécessaire. De quelque voile qu'on le recouvre, sous quelque apparence de bien public que l'on essaye de le déguiser, tout intérêt qui ne se résout pas dans l'universel intérêt du peuple, n'est qu'un intérêt égoïste, immoral dans son origine, funeste dans ses résultats, un intérêt antisocial. Quoi de plus clair, en effet, que, si le genre humain a vraiment un but, s'il est destiné à s'en approcher sans cesse par un développement progressif, en passant d'un état moins heureux à un état toujours meilleur, ce développement doit s'opérer au sein de la masse populaire qui forme réellement le genre humain, et que dès lors il a pour mesure celle des biens effectifs dont le peuple jouit à chaque époque successive.

Cependant l'histoire nous montre, depuis ses premières origines jusqu'à nos jours le plus grand nombre des hommes dominé, opprimé par quelques-uns, sous toutes les formes de gouvernement, excepté peut-être quelques rares contrées où d'heureuses circonstances avaient permis de rester plus près de l'institution naturelle. Nulle différence d'ailleurs à cet égard entre le despotisme absolu de l'Orient et les républiques de la Grèce les plus démocratiquement constituées. Partout les nations se divisaient fondamentalement en deux classes, l'une composée des propriétaires, soit individuels, soit collectifs ou vivants des revenus de l'État, l'autre des

hommes de travail ; la première libre et seule investie de droits réels, la seconde esclave et en
dehors de tout droit humain. En effet, l'esclave
n'était pas une *personne*, mais une *chose*, selon
la jurisprudence romaine (1) ; et plus ancienne-
ment Aristote le range parmi les *propriétés* du
maître (2), dont « l'autorité, ajoute-t-il, ne
s'exerce pour l'utilité de l'esclave que par acci-
dent, et, pour ainsi dire comme un résultat,
puisqu'il n'est pas possible que cette autorité se
conserve, si l'esclave vient à périr (3). » Le
même auteur, traitant des moyens naturels d'acquérir, comprend au nombre de ces moyens
l'art de la guerre; « car, dit-il, l'art de la chasse
n'en est qu'une partie; c'est celle dont on fait usage
contre les bêtes fauves, ou contre les hommes
qui, destinés par la nature à obéir, refusent de
se soumettre, en sorte que la nature même déclare qu'une telle guerre est juste (4). »

Telles étaient les bases de la société, consa-
crées par la coutume, l'opinion, la loi, dans le
monde ancien. Il est bon de s'en souvenir, pour
le rappeler à ceux qui contestant les progrès de
l'humanité, voudraient nous persuader qu'elle

---

(1) Redacti in hanc conditionem non pro perso-
nis, sed pro rebus; immo pro nullis habebantur
Antiq. rom. jurispr. illustr., p. 94.
(2) Polit., l. III, c. II, § 8.
(3) *Ib.*, c. IV, § 4.
(4) *Ib.*, l. I, c. III, § 8.

est destinée à tourner sans fin dans le cercle fatal des mêmes idées, des mêmes institutions et
des mêmes misères.

Le temps et l'espace nous manquent pour présenter ici le tableau des phases diverses qu'offre
le développement des nations modernes établies
sur les ruines de l'empire romain. L'esclavage
peu à peu disparut, mais le servage lui succéda;
et bien que le mot peuple eût pris une acception nouvelle, indice d'un immense changement
survenu dans la condition des membres de l'État
les plus maltraités, la distinction radicale de deux
classes, l'une exploitée, l'autre exploitante, l'une
destinée à jouir dans l'abondance et l'oisiveté des
fruits du travail de l'autre éternellement vouée
à toutes les privations, à toutes les souffrances,
ne laissa pas de subsister toujours. Une opinion,
enracinée dans les intérêts exclusifs d'un certain
nombre de familles privilégiées, condamnait le
peuple à labourer la terre, à exercer les arts mécaniques, les métiers nécessaires à l'existence
matérielle de la société, en un mot, à être pour
elle, dans son dur labeur, ce que sont pour l'individu les animaux auxiliaires de l'homme, ce que
les machines tendent à devenir pour la société future, sans qu'il pût ni dût jamais être autre chose
qu'un pur instrument de production. Nécessité
dès lors de le maintenir intellectuellement dans un
état le plus voisin possible de l'état de la brute,
de lui fermer l'accès de la science, exclusivement réservée aux classes dominatrices, ainsi

que toutes les jouissances de l'esprit, et tout ce qui donne à l'homme la conscience de ses facultés supérieures, de ses forces intimes, de ses droits et de sa vraie grandeur.

L'histoire entière nous offre donc le spectacle attristant d'une permanente violation des lois naturelles et constitutives du genre humain. Mais, telle est néanmoins la puissance de ces lois, que, toujours violées par les passions, par l'inévitable abus de la liberté morale, elles réclament toujours, et peu à peu domptent les résistances que l'égoïsme oppose à leur action. Cela se vit dans la Grèce et à Rome même où le droit populaire finit par vaincre le patriciat; cela se vit surtout quand le Christianisme substitua, aux doctrines funestes et dégradantes sur lesquelles se fondait la servitude antique, la doctrine de l'égalité désormais impérissable. Alors commença un grand travail dans les entrailles de la société, grosse, si l'on peut ainsi parler, d'un monde nouveau dont l'enfantement, préparé durant de longs siècles, est près de s'accomplir; et le mouvement interne qui fatigue la société, les commotions étranges qu'elle éprouve au dedans d'elle-même, ne sont que les tressaillements de ce monde qu'elle porte en son sein.

A partir de l'époque où se formèrent les nations modernes, si le peuple continua d'être opprimé, nul du moins ne fut dépouillé systématiquement de sa dignité d'homme. L'idée chrétienne d'une commune nature, d'un chef com.

mun et d'une commune loi, rendit religieuse-
ment égaux ceux que séparait une énorme iné-
galité politique ; et cette contradiction même engendra une lutte opiniâtre, sans autre terme
possible que le triomphe complet du principe
religieux sur le principe politique ; car celui-ci
essentiellement injuste et faux, n'a d'appui que
l'irréflexion, l'ignorance et la force brutale, tandis que la raison et tous les instincts humains
prêtent à celui-là leur puissance invincible. Aussi
vit-on peu à peu se former, par une sorte de
végétation sociale dont rien ne peut arrêter le
progrès, cet arbre immense qu'on nomme le
peuple, et qui couvrant de ses branches le sol
où il a ses racines, tend à étouffer sous son ombre les plantes avides qui tarissent sa séve.

Nous l'avons dit, le genre humain est un, le
genre humain c'est le peuple, et dès lors le problème unique qu'il ait eu jamais à résoudre est
d'organiser dans l'unité et d'accroître progressivement, au profit de cette même unité, la masse
des biens spirituels et matériels dont la possession est à la fois pour l'homme une source de
félicité et un moyen de perfectionnement. Le
principe chrétien de l'égalité, en affranchissant
les personnes, tend incessamment à réaliser l'unité morale du genre humain. C'est le premier
pas et le plus grand vers la solution du problème :
mais, les personnes affranchies, il reste encore
à compléter l'œuvre unitaire par une équitable
distribution des biens que possède la société

une ; et ceci est proprement la question du peuple. Elle se divise en deux branches étroitement liées ensemble, question politique, question économique. Nous ne voulons ni ne pouvons traiter la première. La question économique a été jusqu'ici résolue de deux façons, par l'esclavage chez les anciens, par le salaire chez les modernes, et cette dernière solution s'est montrée de fait tellement insuffisante, elle a produit de nos jours de si douloureuses conséquences, que quelques esprits éperdus se sont demandé si mieux ne vaudrait pas la solution antique. Ils oublient que celle-ci impliquerait l'abandon du principe d'égalité ou d'unité morale, abandon aussi impossible qu'il l'est, tant que la vie subsiste, de perdre la conscience de soi. Ils auraient dû plutôt reconnaître que la solution moderne, incapable de conduire la société jusqu'au but que lui marquait le principe régulateur de son développement n'était qu'une solution passagère accommodée à des époques de transition, et utile seulement en ce qu'elle servait à en préparer une autre.

Que sera cette solution si ardemment appelée par l'humanité souffrante ? Chacun s'en inquiète, chacun s'efforce de la découvrir. On sent qu'elle existe, qu'elle existe près de nous, car le besoin qu'en ont les peuples est pressant, immense. On la cherche, comme Cérès, la nourrice des hommes, cherchait, un flambeau à la main, sa fille dans la nuit. Mais la nuit n'est pas si profonde qu'une lueur toujours moins pâle n'éclaire les sentiers où l'on marche. Chaque jour on discerne plus nettement et l'on appécie mieux les éléments en quelque sorte matériels du problème à résou-dre. A cet égard, on doit louer presque sans restriction les travaux contemporains. Mais, sous un autre point de vue, ils offrent une lacune effrayante. Préoccupé de l'homme physique, on oublie trop l'homme religieux et moral : et pourtant point de progrès réel, point d'améliorations larges et durables, si elles n'émanent du fond même des âmes, si elles ne présentent un caractère de spontanéité qui les rattache aux lois les plus élevées de notre nature

Les obstacles extérieurs au bien désiré ne sont pas les seuls qu'on ait à vaincre ; il en existe d'autres plus cachés et plus puissants peut-être. Souvent la justice n'est qu'un prétexte, un voile dont s'enveloppe l'intérêt privé. Mais ce qui manque surtout, c'est l'amour, et l'amour des hommes a défailli, parce qu'il n'y a point d'amour de Dieu. On voit bien des têtes qui fermentent à la vue des maux de la société, des esprits qui en cherchent le remède, de sèches raisons qui jettent leurs calculs entre le pauvre et le riche, entre l'homme de jouissance et l'homme de souffrance, et qui se figurent par là sauver le monde. Mais tout cela est stérile, dénué de vie, en dehors des vraies lois de la nature humaine ; c'est de la mécanique appliquée aux êtres animés qui sentent et qui veulent. On n'organise

point matériellement l'affection mutuelle, le dévouement, le sacrifice ; et sans le sacrifice, le
dévouement, l'affection, que ferez-vous? Bel instrument que la force pour réaliser la vie ! et le
plus grand bien-être auquel on aspire, qu'est-ce,
sinon une plus abondante communication de la
vie? Quelques-uns ont froid, et vous dites : C'est
qu'on n'a pas réparti équitablement les rayons
du soleil; comptons ce qui nous en arrive chaque jour, et faisons-en une distribution plus
égale. Et moi je vous dis : Etendez les bras et ré-
chauffez votre frère sur votre sein. Votre science
n'est qu'une folie, et votre justice qu'une déri-
sion, quand elle n'est pas un meurtre. En voilà
qui ont faim, c'est que d'autres mangent trop,
c'est le résultat de la propriété : établissons que
le pain désormais n'appartiendra privativement
à personne ; chacun en recevra selon ses besoins.
Insensés ! dans quelle balance les pèserez-vous,
ces besoins indéfiniment variables? C'est l'a-
mour qui pèse la souffrance au fond du cœur, là
où gît le trésor inépuisable qui la soulagera. Vous
n'avez que des vues, des pensées matérielles,
mais l'homme n'est matière que par une faible
portion de lui-même et la plus basse; c'est
pourquoi ses lois vous échappent : vous les cherchez dans la boue de la terre, elles sont dans la
lumière de Dieu

QUE LE VÉRITABLE CONSERVATEUR

C'EST

LE PEUPLE

Nous l'avons déjà dit, pour qu'une précipitation irréfléchie et contraire aux lois de la nature ne porte pas le trouble dans le corps social en y entretenant une sorte d'excitation fébrile qui fatigue et use les ressorts de sa vie, le progrès doit être, non certes jamais arrêté ou suspendu, mais réglé par un sage esprit de conservation ; et le mot même de progrès implique l'idée d'un mouvement régulier et continu, sans déviation ni brusques secousses, vers un point fixe, ou vers plusieurs points successivement déterminés. Le trop impatient désir d'un bien dont le temps n'est pas encore venu, auquel il manque encore quelques conditions d'existence, ne sert souvent qu'à prolonger le mal au lieu d'y remédier. On ne demande point à l'arbre où la séve commence à monter, le fruit qui ne peut apparaître qu'après la fleur au sein de laquelle en est caché le germe. Pour cueillir un jour celui-la, il faut d'abord conserver celle-ci ;mais qui voudrait, ne voyant qu'elle la conserver indéfiniment, se priverait du fruit qu'elle renferme, sans empêcher qu'elle ne se flétrît.

Dans la sphère des choses dépendantes, en une certaine mesure, de la raison de l'homme et de sa libre action, procédez comme la nature, selon ses invariables lois, et le monde social offrira le même aspect d'ordre, la même beauté, la même harmonie que le monde inférieur.

Oui, sans doute, il doit exister une grande puissance de conservation dans la société, car, se conserver, c'est vivre; mais certaines conditions de sa vie changeant d'âge en âge, lutter contre ces changements nécessaires, se consumer en stériles efforts pour conserver ce qui, devenu, par le cours du temps, un obstacle au développement naturel du corps social, est aussi par là même un obstacle à sa vie, c'est en réalité une œuvre de destruction, un travail de mort.

Or, pour peu que l'on considère attentivement la société, on reconnaît qu'elle implique deux choses, des nécessités inhérentes à son essence même, d'invariables conditions d'être, sans lesquelles on ne saurait la concevoir existante, et des conditions secondaires qui se résument en des formes variables d'organisation, formes variables à cause de leur imperfection péniblement sentie tôt ou tard, et qui dès lors aussi tôt ou tard en provoque la réforme; et le mal aperçu auquel on veut remédier se présente constam-

ment comme une violation du droit ou comme
une injustice, dont le caractère général est la
prédominance des intérêts de quelques-uns sur
les intérêts de tous, la répartition abusive des
charges de l'association et de ses bénéfices, au
profit de certaines classes privilégiées.

Or, en tous pays, à toutes les époques, ces
classes privilégiées, jalouses des avantages qu'elles possédaient, attentives même à les étendre
lorsqu'elles croyaient le pouvoir, se sont effor-
cées, par égoïsme, par orgueil et cupidité, quelquefois aussi par une fausse idée de devoir et
d'honneur, de s'en assurer indéfiniment la jouissance : c'est-à-dire qu'elles se sont constituées
en guerre permanente avec la masse du peuple
déshérité, opprimé par elles. Toutes les pages
de l'histoire en fournissent quelque exemple :
telle fut à Rome la lutte des plébéiens et des patriciens, parmi nous celle des communes nais-
santes contre la féodalité, et, encore maintenant,
sous les nuages qui l'enveloppent à demi, il n'y
a point d'autre question. Oubliez les noms qui
ne sont rien, regardez les choses, les *conservateurs* d'aujourd'hui sont les patriciens de Rome,
les seigneurs féodaux du moyen âge. Comme
eux ils combattent, non pour les invariables lois
de la vie sociale, mais pour des formes variables
d'organisation usées par le temps, détruites dans
la raison et la conscience publique par les développements successifs de la notion du droit ; ils
défendent des préroga ives devenues inconcilia-

bles, non-seulement avec le progrès de la société, avec la justice telle qu'elle la conçoit, mais
avec l'existence même des classes politiquement
inférieures, en proie aux misères de toute espèce,
et finalement aux convulsions de la faim. Ainsi,
ce qu'ils veulent conserver, d'abord appartient
à cet ordre de choses passagères à la durée
desquelles le progrès social assigne un terme
providentiellement déterminé, et de plus blesse
directement tous les sentiments d'équité indestructibles dans le cœur de l'homme. Rien donc de
plus insensé que ces efforts, et, si l'on ne devait
quelque indulgence aux erreurs même les plus
funestes, quand elles peuvent avoir une espèce
d'illusion pour excuse, j'ajouterais, rien de plus
criminel. Outre l'intérêt qui séduit, la passion
qui aveugle, les engagements pris qui entraînent
les conservateurs, comme ils se nomment, ont,
s'ils en éprouvent le besoin, un prétexte appa-
rent pour se tranquilliser au dedans d'eux-mêmes. En effet, ils défendent un certain ordre,
l'ordre légal, si aisé à confondre avec l'ordre véritable ; ils défendent les lois existantes; mais
de qui émanent-elles, ces lois ? par qui et pour
qui ont-elles été faites ? Par eux et pour eux.
Alléguer leur simple existence en preuve de leur
équité que l'on conteste, évidemment ce n'est
pas répondre. Il en faut donc toujours revenir au
seul point décisif : ce qui est est-il juste ? ce
qui est, doit-il, peut-il subsister ?

Or, ces deux questions, traduites dans le lan-

gage plus net et plus pressant des faits, se rédui-
sent à celles-ci :

Est-il juste que quelques membres de la communauté en absorbent aux dépens des autres les
avantages réels, s'attribuent des droits qu'ils refusent au reste des citoyens repoussés ainsi dans
un véritable servage, et, à l'aide de ces droits
exclusivement possédés par eux, concentrent
dans leurs mains le monopole de la puissance et
de la richesse ?

La masse du peuple, exclue de tout droit politique, privée de toute influence légale, dans la
décision des affaires communes et de celles qui
l'intéressent le plus immédiatement, doit-elle,
peut-elle à jamais demeurer dans cet état d'a-
baissement et de souffrance, supporter à jamais,
presque seule, les charges de la société, sans autre compensation qu'un travail toujours plus
rude et toujours plus stérile, une misère sans
cesse croissante, et la nudité et la faim ?

Que si tous les sentiments d'humanité et d'é-
quité se révoltent contre un pareil partage des
biens et des maux de la vie; que s'il est désormais
impossible qu'un désordre aussi profond subsiste
longtemps, ceux dont tous les efforts tendent à
le prolonger, à l'éterniser, s'ils le pouvaient, loin
d'exercer une action conservatrice, préparent, au
contraire, des commotions terribles en opposant
aux réformes devenues nécessaires une résistance
tellement opiniâtre qu'elle ne pourrait être sur-
montée que par un ébranlement universel.

Le peuple, qui réclame ces réformes indispensables, et qui, ferme sans doute, mais calme et
sage, parce qu'il a pour guide un sûr instinct
de justice et d'ordre, voudrait qu'elles s'ac-
complissent pacifiquement par des voies légales,
est donc le vrai conservateur. Il défend contre
eux-mêmes, contre les funestes conséquences
de leurs passions insensées, ses propres adver-
saires, et son œuvre est l'œuvre de Dieu.

Sous un autre point de vue, lui seul encore
est constamment le véritable conservateur de la
société, quelle qu'en soit la forme. En effet, on
a vu qu'outre les conditions secondaires qui se
résument en des formes variables d'organisation
la société impliquait d'invariables conditions
d'être, des nécessités inhérentes à son essence
même. Ces nécessités sont de deux ordres, nécessités physiques, nécessités morales. Les premières se résolvent dans la production de toutes
les choses indispensables à l'entretien de la vie
corporelle, et cette production a deux sources,
l'agriculture et l industrie. Or, qui donne l'existence à l'agriculture et à l'industrie, qui les féconde sinon le travail du peuple? c'est sa main
qui creuse le sillon où germe le grain qui vous
nourrit, sa main qui fabrique vos vêtements, qui
bâtit vos commodes demeures, qui fournit aux
besoins de votre subsistance et de votre luxe.
Que, pendant quelques mois seulement, ce travail s'arrêtât, la société serait frappée de mort.
Le véritable conservateur, sous ce rapport esser-

tiel, c'est donc le peuple, uniquement le peuple.
Et, remarquez-le bien, qu'est-ce que l'ensemble
de ces productions que la société lui doit, si ce
n'est le fonds de la richesse publique? Et que demande le peuple, si ce n'est une juste part dans
ses productions, dans cette richesse, fruit de ses
fatigues et de ses sueurs? Que demande-t-il, si
ce n'est que, vivant de ui et par lui, vous lui
permettiez aussi de vivre? Est-ce trop demander?

Les nécessités morales d'où dépend l'existence
de la société embrassent tout ce que les hommes
ont compris sous le nom de devoirs, la justice et
la charité, avec les croyances religieuses qui en
sont à la fois la base et la sanction. Or, à quelque
degré que le peuple, séduit par l'exemple conta-
gieux des classes privilégiées, ait pu être corrompu par elles, il l'est en masse toujours moins
qu'elles; c'est par lui que se perpétue la pure
tradition des idées et des sentiments qui forment
le véritable lien social ! c'est en lui que subsiste
impérissable l'essentielle notion du juste et de
l'injuste, en lui que l'humanité, la pitié, l'instinct vital du bien, la conscience enfin trouve
un dernier asile. A cet égard encore, le peuple
est donc le vrai conservateur de la société.

Et ce n'est pas que l'homme du peuple, individuellement considéré, soit meilleur en soi,
plus exempt de la faiblesse commune, intérieure-
ment mieux affermi contre les périlleuses tentations du mal sous toutes ses formes. Non,
faible autant que tout autre, il porte en son

sein le germe des mêmes passions, et ne cède
pas moins facilement aux penchants mauvais
qui l'entraînent. Mettez le pauvre à la place du
riche, rarement il vaudra mieux et souvent il
sera pire, parce qu'il arrivera moins préparé à
son nouvel état. La différence entre eux n'est
pas une différence de nature, mais de position. La
misère même du pauvre écarte de lui une multitude de tentations qui perpétuellement assié-
gent le riche, poussé sur une pente dangereuse
par l'ennui qu'engendre l'oisiveté. Celui qui, au
contraire, songe avec inquiétude en se levant le
matin, comment il vivra, lui et sa famille, pendant la journée, ne saurait guère étendre ses désirs en dehors de ce cercle étroit et fatal qu'une
dure nécessité trace autour de lui; tandis que
ses besoins mêmes si pressants et si pleins d'angoisses, ouvrent naturellement son cœur à la
commisération des mêmes besoins et des mêmes
angoisses dans autrui. *Non ignara mali*, comme
dit le poëte.

Une cause plus générale et plus puissante fait
du peuple en masse le conservateur naturel des
lois premières de l'humanité, qui constituent l'ordre moral. Car leur violation ne profite jamais
qu'à un nombre comparativement très-petit d'individus et nuit à tous les autres. Evidemment la
nation entière ne saurait exploiter, opprimer la
nation entière. Le mal, sous ce rapport, ne peut
être ni opéré, ni voulu par elle; il est toujours
l'œuvre exclusive de l'intérêt individuel. L'inté-

rêt commun, l'intérêt du peuple nécessairement
se confond avec la justice, l'équité, le droit; jamais on n'en transgresse les prescriptions qu'à
son détriment. A qui profitent les priviléges, les
exactions, les monopoles, si ce n'est à quelques-
uns seulement? Qui en souffre, si ce n'est la
masse des citoyens, c'est-à-dire le peuple? Et
quand il souffre, que demande-t-il, que peut-il
demander? droit et justice, pas autre chose :
car, hors de là, il demanderait à s'exploiter lui-
même, à s'opprimer lui-même, il demanderait
une extravagante contradiction. Si la justice et
le droit sont la base essentielle de toute association humaine, le peuple est donc le véritable
conservateur de la société.

Et c'est pourquoi, lorsque l'oubli des plus saintes lois de la justice et des plus simples notions
du droit semble être devenu, par une suite de la
corruption politique et de l'égoïsme d'où elle
sort, le caractère d'une de ces époques malheu-
reuses, où tous les désirs élevés, tous les nobles instincts de l'homme, toutes ses sympathies
généreuses, viennent s'éteindre dans la basse
convoitise de l'or et l'amour effréné des jouissances; lorsque la vie est près de tarir dans la
société séparée de sa source divine, nul autre
moyen de salut que de remonter jusqu'au peuple, au sein duquel s'est retirée l'énergie vitale,
que de ranimer par lui l'esprit de justice et de
charité, le sentiment du devoir, du sévère devoir, et de rendre ainsi à l'institution sociale

usée et mourante la vigueur qu'elle a perdue.
Car le peuple ne conserve pas seulement la
tradition morale, le texte de la loi ; il en perpétue aussi la pratique. Qu'est-ce que son
existence tout entière, qu'une suite continue
de dévouements et de sacrifices ? Il travaille
pour autrui dans les champs et les ateliers, il
meurt pour autrui à la frontière ; il fait vraiment en tout l'office de rédempteur. Réfléchis-
sez en vous-même et cherchez comment subsiste
cette immense foule d'indigents qui pullulent
dans les Etats modernes : est-ce à l'aumône des
riches qu'ils doivent le pain de chaque jour ?
Non, ceux-ci voulussent-ils subvenir à tant de
besoins, ils ne le pourraient pas. C'est le pauvre
qui nourrit le pauvre : il sait, lui, ce que c'est
que la faim ; et pour la soulager, sa misère est
plus puissante, plus féconde que l'opulence même,
tant il y a de richesse dans l'amour. Rarement
l'enfant du peuple est abandonné, rarement il
demeure orphelin : près de lui, quasi toujours, se
trouve un père, une mère que la Providence lui
a réservés dans son délaissement. Je vous le dis
encore, vous périssez, vous vous débattez dans
votre corruption, comme un naufragé dans les
flots de la mer ; tendez les mains au peuple, et
il vous sauvera.

MÉLANGES

LA POLOGNE

Du côté où le soleil se lève, dans les plus longs jours, je voyais une multitude dispersée sur une riche terre et verdoyante, et partout où se tournaient mes regards, ils ne rencontraient que des fronts tristes, des lèvres sans sourire, des bouches muettes, des yeux fiers encore d'où s'échappaient quelques larmes fugitives qu'ils semblaient chercher à retenir : car il y avait là, au milieu de cette grande désolation, des hommes armés épiant un prétexte de supplice, et pour qui les pleurs étaient un crime inexorablement puni.

Et je me demandais : « Qu'est-ce que cela ? »

Et il me fut dit : « C'est un peuple martyr. En lui s'accomplit un mystère saint. »

Il a été livré pour un temps à la puissance du mal, afin que, trempé dans sa souffrance comme le fer dans l'eau du torrent, il devienne l'épée qui vaincra le mauvais génie de l'humanité.

L'orgie infernale a dansé sur cette terre san-
glante où chaque cœur a eu sa torture, chaque
muscle sa douloureuse contraction, et il le fallait pour que le monde sût ce que c'est que
la patrie et la perte de la patrie; pour que la
justice, le respect des droits, l'amour paternel,
l'horreur des tyrans formassent le lien futur
des peuples et fissent leur salut dans l'avenir.

Maintenant la victime est là, palpitante sous
le couteau des prêtres de Satan. Mais Dieu ne la
leur a pas livrée pour toujours. Quand l'heure
connue de lui aura sonné, elle se redressera ter-
rible comme la vengeance suprême, et, réveillées
au bruit de ses fers qui se brisent, les nations
émues s'écrieront : « Béni, béni soit à jamais
le peuple qui, ayant souffert avec constance
pour tous les peuples, a été jugé digne de vaincre pour eux !... »

HYMNE A LA POLOGNE

Dors, ô ma Pologne, dors en paix dans ce qu'ils appellent ta tombe! moi, je sais que c'est ton berceau.

Lorsque, délaissée, trahie, rendue de fatigue, épuisée de combats, ton front pâlit, tes genoux chancelèrent, ils tressaillirent d'une joie féroce et poussèrent un long cri, un cri sauvage, aigu comme le cri de l'hyène qui, la nuit, fait frisonner le voyageur sous sa tente.

Dors, ô ma Pologne, etc.

Tel que ces chevaliers qui sommeillent, revêtus de leur armure, sur les vieux tombeaux, le géant était là couché sur la terre; ils jetèrent sur lui un peu de cette terre trempée de sang et dirent : « Il ne se réveillera plus! »

Dors, ô ma Pologne, etc.

Tes fils dispersés ont porté dans le monde les récits merveilleux de ta gloire. Ils ont raconté comment, tout à coup brisant le joug de tes oppresseurs, tu te levas semblable à l'ange que

Dieu envoie, armé de son glaive, pour punir ceux qui se rient de la justice, et le cœur des tyrans s'est troublé.

Dors, ô ma Pologne, etc.

Puis, quand ils ont dit tout ce que virent tes yeux avant de se fermer, l'indomptable courage des hommes, l'héroïque fermeté des plus faibles femmes, l'ardeur sainte des jeunes vierges, le dévouement religieux des prêtres, les petits enfants même se dégageant des bras de leurs mères afin d'aller mourir pour toi, les peuples émus ont baissé la tête et se sont pris à pleurer.

Dors, ô ma Pologne, etc.

Tant de sacrifices, tant de travaux devaient-ils être stériles? Ces martyrs sacrés n'auraient-ils semé dans les champs de la patrie qu'un esclavage éternel? En serait-ce fait à jamais de cette patrie vers laquelle encore se tournent, de loin en loin, les regards des pauvres exilés? N'en resterait-il qu'une fosse couverte d'un peu d'herbe? Ah! dites-le, dites-le-moi!

Dors, ô ma Pologne, etc.

Le lâche a égorgé en tremblant les guerriers sans armes; il a serré dans de vils fers leurs fortes mains; il a eu peur des femmes, peur des enfants même, et le désert a dévoré ceux qu'avait épargnés le glaive. Pendant qu'ils s'enfonçaient dans la solitude ou que pêle-mêle on les jetait dans les abîmes de la terre, les murs des temples s'écroulaient sur les autels ensanglantés.

Dors, ô ma Pologne, etc.

Qu'entendez-vous dans ces forêts? Le murmure triste des vents. Que voyez-vous passer sur ces plaines? L'oiseau voyageur qui cherche un lieu pour se reposer. Est-ce là tout? Non, je vois une croix : tournée vers l'Orient, elle marque le point où le soleil se lève, et sur le soir soupirent auprès des voix douces et mystérieuses.

Dors, ô ma Pologne, etc.

Regardez! Sur son front pâle, mais calme, est une confiance impérissable, sur ses lèvres un sourire léger. Qu'a-t-elle aperçu dans son sommeil? Serait-ce un vain rêve qui la trompe en fuyant? Non, la Vierge divine, qu'elle proclama sa reine, est descendue d'en haut : elle a posé une main sur son cœur, et de l'autre écartant le voile de l'avenir, la foi, debout derrière ce voile, lui a montré la liberté.

Dors, ô ma Pologne, dors en paix dans ce qu'ils appellent ta tombe! moi, je sais que c'est ton berceau.

TABLE DES MATIÈRES

CONTENUES DANS CE VOLUME.

Paris. — Imprimerie Nouvelle (assoc. ouvrière), 11, rue Cadet.
R. Barré, directeur.